NIÑAS Y NIÑOS EN LA JUSTICIA
Abuso sexual en la infancia

NIÑAS Y NIÑOS EN LA JUSTICIA
Abuso sexual en la infancia

Graciela Dora Jofré

Editorial
MAIPUE

Niñas y niños en la Justicia. Abuso sexual en la infancia

Graciela Dora Jofré

1ª edición, julio de 2016

Zufriategui 1153 - Ituzaingó (1714) - Provincia de Buenos Aires
Tel/Fax: + 54 (011) 4458-0259
Contacto: promocion@maipue.com.ar / ventas@maipue.com.ar
www.maipue.com.ar

ISBN: 978-987-3615-44-3

Arte de tapa: Anita Dominoni

Diseño de tapa: Disegnobrass

Diagramación: Paihuen

Corrección: Silvina Crosetti

Jofré, Graciela Dora
Niñas y niños en la justicia : abuso sexual en la infancia / Graciela Dora Jofré.
1a ed . - Ituzaingó : Maipue, 2016.
176 p. ; 22 x 15 cm.

ISBN 978-987-3615-44-3

1. Abuso Sexual Infantil. 2. Derechos del Niño . 3. Derechos Humanos. I. Título.
CDD 362.8292

Este libro se terminó de imprimir en el mes de julio de 2016 en Taller Gráfico Buenos Aires Print
Pte. Sarmiento 459 - Lanús.

Queda hecho el depósito que establece la Ley 11.723.

Libro de edición argentina.

Índice

Dedico este libro a mi amor, Román, su primer lector, compañero de sueños y de caminos nuevos. A Santiago y Jorge, mis hijos, luminosos seres que amo entrañablemente. A Tomás, Laura, Marcelo, Lau y Rodolfo, mis amados hermanos de sangre y de alma. A Facundo y en él a todos los niños que están y que vendrán…

Graciela Dora Jofré

Prólogo

Tres, cuatro, seis horas de espera hasta que los funcionarios judiciales se dignen atender al niño/a que citaron ese día y en ese turno, es lo que a diario se observa cuando se recorre los pasillos de los juzgados. Si se baja la mirada hacia donde nunca nadie tiene tiempo de mirar, se verá a los niños/as que esperan –casi siempre, entre gritos, matones, mugre y urgencias– intentando distraerse hora tras hora, ser llamados a declarar o, peor aún, revincularse con sus propios abusadores. Niños/as obligados a jugar el macabro juego de la pérdida total de la honra. Al son de una red de Pilatos conformada por peritos de parte, abogados/as y asesores de Menores, fiscales y jueces –que vaya a saber uno por qué, generalmente, llegan tarde–, más los secretarios/as –que suelen acordarse justo a último momento de pedir el traslado de los expedientes de un Tribunal a otro–, o los técnicos en informática que siempre se encuentran perdidos por alguna otra parte de la sede judicial cuando el sonido de la Cámara Gesell falla y no graba. Así va pasando el tiempo hasta que el niño/a –a veces, acompañado por su mamá, otras, por su abogada o por su perito de parte– debe seguir esperando en un nuevo recinto (muchas veces, atiborrado de sillas y paradójicamente sin ningún juguete a la vista), cercado de abogados/as con sus trajes y corbatas, miradas apáticas y sonrisas heladas. Abogados que de vez en cuando se permiten el desliz de distraerse y dejar entrar al imputado abusador para que pueda dedicar una mirada a su víctima, burla de su omnipotencia, hasta que deba ser echado entre insultos y trompadas. Y restablecido el orden y pasadas todas esas largas horas de tortuosa espera, cuando finalmente el niño/a es convocado a dar su testimonio, se le exigirá la imprescriptibilidad de sus recuerdos. Y si acaso llegara a bloquearse por las secuelas propias de su trauma, por la vergüenza de tener que revivir sus peores recuerdos frente a desconocidos o simplemente por hallarse abatido por el cansancio, será juzgado como mentiroso sin piedad. Esto que describo que puede parecer la trama de una película de ficción ha sido parte de mi propia experiencia como psicóloga argentina que viene trabajando con niños/as víctimas de abusos sexuales desde hace veinticuatro años. La odisea burocrática del maltrato institucional a niñas y niños víctimas de abuso sexual. Niños/as que se hacen caca encima, se descomponen, lloran y gritan su furia, escupen, vomitan, clavan las uñas y contraen los músculos de todo su cuerpo negándose a subir escaleras. Si algún testigo ocasional y neófito en la materia los ve podrá decir: "¡Pobrecito, cómo lo obligan a entrar!", desconociendo, por ejemplo, que si un niño/a y su mamá protectora no se presentan en la fecha y horario asignados por el juzgado corren el riesgo de ser gravemente sancionados por incumplimiento a la ley y, por supuesto, quien saldrá beneficiado será el agresor sexual. Por eso, por mi parte y para atemperar los nervios de mis pacientitos/as a quienes debo acompañar a Tribunales recurro a la invención de una especie de cuento. Les digo que ese juzgado fue un palacio con laberintos dorados muy misteriosos, y que en la actualidad aunque ya no luce así, en él existen jueces y juezas que son como sus reyes y reinas y están allí para defender a los niños/as de las personas malas. De esta manera, valiéndome del recurso del pensamiento mágico propio del lenguaje infantil, es cómo suelo ayudar a que puedan esbozar una sonrisa donde antes hubo lágrimas y puedan luego entrar a contar su historia sin tanto miedo, un poco más seguros de sí mismos y, por sobre todo, con la mirada en alto. Los psicólogos/as no podemos cambiar la realidad judicial pero al menos podemos ayudar a que nuestros pacientitos/as puedan cambiar la visión adultocéntrica que se les pretenden imponer. Lamentablemente no se escucha a los niños/as como niños/as, no hay contemplación a su desarrollo psicológico. Como expresa la autora de este libro, la doctora Graciela Dora Jofré:

"Se sigue considerando a niñas y niños, en los actos judiciales, como seres humanos disminuidos e inferiores para hacerse respetar, escuchar y comprender en sus sentimientos. Son atropellados en su integridad emocional, maltratados, ignorados al momento de resolver sobre su existencia por operadores judiciales erigidos en 'Dioses del Olimpo'. (...) La Justicia no respeta la dignidad humana de toda niña, de todo niño angustiada/o. No se respetan los *no* de una criatura".

Estas palabras dichas por una jueza de la Nación suenan a utopía cuando las prácticas judiciales, las dinámicas familiares y sociales –incluidas las universidades y medios de comunicación– aún se hayan atravesadas culturalmente por los imperativos de una ideología patriarcal cuya premisa fundamental está dada en el considerar al hombre como procreador y dueño de los niños/as que engendra, como amo de la familia y especialmente de sus mujeres y niños/as. Esta ideología patriarcal es la base de gran parte del sistema judicial actual en el cual se da por sentado que ser un procreador es igual a ser un padre. Una ideología que considera al niño/a como pertenencia del hombre que lo engendró; un esclavo con un dueño, su progenitor, a quien se siente obligado a llamar "papá" y a quien se supone le debe afecto, pleitesía y obediencia debida a pesar de que este sea su verdugo, su violador. Y si por casualidad, este niño/a acaso se animara a "traicionarlo" contando secretos con respecto al quebrantamiento de la ley del incesto familiar, por ejemplo; entonces, seguramente tendrá problemas: se verá obligado a enfrentarse no solo a todo el *establishment* del Derecho (como bien dice la doctora Graciela Jofré) sino, también, a toda la dictadura y el dogmatismo patriarcal de muchas eminencias de la psicología y directores de grandes instituciones (varones y mujeres) que se supone saben perfectamente cómo deben diagnosticarse las "fantasías infantiles y a los buenos papás de familia que serían incapaces de abusar de sus hijos/as siempre empeñados junto a sus madres en llamar la atención en medio de las disputas matrimoniales". Sin embargo, por suerte, no todos los psicólogos/as ni los operadores/as judiciales están atravesados por tan nefasta ideología que parecería pertenecer a tiempos del oscurantismo medieval. Somos cada vez más quienes aprendemos a diagnosticar y a decodificar los mensajes metafóricos detrás de los fracasos escolares, las conductas hipersexualizadas y otros tantos síntomas físicos y psicológicos. Quienes aprendemos a decodificar los mensajes que los niños/as nos quieren transmitir a través de sus dibujos y juegos. Quienes aprendemos que no todos los niños/as víctimas de abusos pueden relatar sus recuerdos con el correcto uso de una semántica, de una sintaxis ni de los adecuados tiempos verbales y que eso no significa que estén mintiendo. Quienes aprendemos que no todos los niños/as víctimas pueden expresar los recuerdos de su trauma bajo el código lingüístico que explícita o implícitamente exige la ley porque muchos de ellos han olvidado su trauma debido a bloqueos en la memoria por mecanismos defensivos como la represión o por la amnesia; por el estrés postraumático; por miedo a las amenazas de su abusador o, simplemente debido a inmadurez psíquica (existen muchos niños/as con Síndrome de Down, autismo, bajo coeficiente mental, que no cuentan con los suficientes recursos lingüísticos para relatar sus abusos y que no por esa razón se hallan libres de trauma). Por suerte para estos niños/as, cada vez somos más quienes aprendemos que las huellas mnémicas del trauma pueden hallarse archivadas bajo diferentes códigos y no tan solo bajo el código lingüístico consciente, y que así, de esta manera, el ser humano puede expresar la memoria de su trauma a través de un código muy distinto al de las palabras, un código que rige al mundo del inconsciente y que se expresa mediante el lenguaje corporal, el lenguaje paraverbal, los movimientos oculares, los macro y micro comportamientos. El cuerpo no miente y grita la verdad. Profesionales que seguimos en este camino de aprendizaje y estudio para la valorización de la memoria de los niños/as que tantos abogados por estrategia judicial pretenden desacreditar. La doctora Graciela Jofré referencia en su libro una de las investigaciones más prestigiosas realizadas en Argentina por la licenciada Bringiotti y el doctor Raffo a estudiantes de universidades públicas de Buenos Aires, a quienes de forma anónima encuestaron para evaluar si es que recordaban haber sufrido abusos sexuales en sus infancias. Lo extraordinario de esta investigación es que establece los 2 y 3 años como rango de edad de promedio de inicio de esos abusos sexuales. Considero esta información de fundamental importancia dado que constituiría una prueba más de cómo aun desde la más temprana infancia, las secuelas del abuso logran permanecer plasmadas en el psiquismo a través de la memoria a largo plazo. Podríamos seguir hablando sobre el tema pero no hay peor sordo que quien no quiere escuchar. Parecería que existe una maquinaria de la desmentida y la negación compulsiva del abuso sexual en nuestra sociedad. La doctora Graciela Jofré, jueza de Paz y autora de este maravilloso y conmovedor libro es un ejemplo de que no todos los profesionales actúan de la misma manera, de que no todos los jueces son iguales, de que no todos los juzgados son injustos. Profesionales como ella nos dan esperanza porque le devuelven al niño/a víctima del abuso sexual la dignidad de ser sujeto; le brindan la oportunidad de ejercitar su derecho a defenderse pudiendo contar su trauma en su propio idioma, con su propio lenguaje, teniendo la confianza de que sus adultos protectores harán todo lo posible por oír su historia y su pedido de justicia, acomodándose a sus necesidades y ritmos, según su desarrollo psicológico y teniendo en cuenta las secuelas emocionales que les hubo dejado el trauma. En este aspecto, la doctora Graciela Jofré es pionera en Latinoamérica por la ética de su compromiso con el abuso sexual en la infancia, un compromiso que ha ido mucho más allá de la banalidad de las palabras y los discursos y que ha quedado reflejado en cada una de sus sentencias judiciales. Si bien ha escrito decenas de artículos y otras publicaciones que han dejado una huella importante en todos los que trabajamos en esta compleja temática, en esta oportunidad ha escrito este, su primer libro; un libro apasionante de leer: no solo porque como nadie nos explica las injusticias de la Justicia y su repercusión social sino porque, sobre todo, cada una de sus palabras se transforma en una daga que apunta y atraviesa las entrañas de todo tipo de negligencias y violencias judiciales que acontecen alrededor de los más inocentes, de quienes menos posibilidad tienen de defenderse: los niños y niñas víctimas de traumas sexuales. No todo está perdido. Que una jueza de la Nación haya escrito un libro con estas características nos regala a todos/as quienes desde hace tanto tiempo venimos luchando contra molinos de viento una brisa de esperanza, un sacudón que nos despereza para seguir trabajando por nuestros niños y niñas más que nunca, sin perder el sentido común, sin perder el respeto, sin perder el alma.

Licenciada María Cecilia López

Psicóloga y escritora especializada en abuso sexual contra niños y niñas

Introducción

El niño tiene derecho al respeto. Pidamos el respeto hacia los ojos brillantes, las frentes lisas, el esfuerzo juvenil y la confianza. ¿Por qué unos ojos apagados, una frente arrugada, cabellos grises mal peinados, o una fatigada resignación exigirían un respeto mayor?

Janusz Korczak

Este libro está centrado en la realidad de niñas y niños[1] víctimas de abuso sexual en el sistema de justicia en Argentina y en el mundo. Por mi propia experiencia como jueza en conflictos familiares comienzo a interiorizarme acerca de la ignorancia del Derecho y la Justicia sobre el abuso sexual en la infancia. Han pasado ya más de quince años de mi primer caso judicial en el tema, mi compromiso ha crecido a medida que descubro que no es solo ignorancia, sino que detrás, solapada, existe una ideología que impregna el sistema de justicia. Ideología que promueve el descrédito a los relatos de abusos sexuales de niñas y niños y reprime a toda figura parental, adulta o profesional que por creer en su palabra los/las proteja. Es la ideología patriarcal que pretende que el incesto, el abuso sexual y el maltrato a la niñez sigan en el silencio de la historia humana.

He dividido este libro en cuatro partes. En la **primera parte** indago sobre la efectiva aplicación de los derechos humanos de niñas y niños en los ámbitos que afectan su vida y su desarrollo cuando hay maltratos o abusos sexuales. En el capítulo 1 hago un análisis sobre la mirada adultocéntrica que se tiene de la niñez en distintos ámbitos, específicamente en la sociedad, en la familia y la Justicia. Desarrollo la idea de que el adulto en la historia humana tiene de los niños/as y el trasfondo de poder dentro de la familia;

[1] Concepto de niñez integrador de la adolescencia.

la ideología patriarcal que rige en todo el espectro social y se refleja en la Justicia. En el capítulo 2 evidencio la postura de la ciencia del Derecho frente a la niñez, su terminología, la estructura académica patriarcal en los planes de estudios universitarios y luego la natural consecuencia en la impronta de la administración de justicia nutrida de esta formación.

En la **segunda parte** desarrollo un tema crucial frente al delito de abuso sexual en la infancia y el incesto: la credibilidad de la palabra de niñas y niños. En el capítulo 3 indago sobre al lenguaje de la niñez y sus particulares características. La manera en que el niño/a expresa lo que siente. En el capítulo 4 analizo cuál es la postura de la Justicia frente a la palabra de niñas y niños, el trasfondo ideológico imperante que fomenta no sean creídos cuando existen denuncias de incesto y abuso sexual en la infancia. Hago mención a normas internacionales que promueven el respeto a los derechos de niñas y niños en los procesos judiciales que les afectan. En el capítulo 5 realizo un estudio crítico del principio de Derecho del "interés superior del niño" y sus reales prácticas judiciales, donde se manipula su sentido para maltratar institucionalmente a niñas y niños víctimas de abusos sexuales.

En la **tercera parte** me refiero a las prácticas del sistema de justicia en las separaciones o divorcios frente a denuncias de violencia de género o incesto, la tendencia a la invisibilización de estas causales con relación a los conflictos por los hijos/as. En el capítulo 6 me refiero a estas realidades traumáticas y la necesidad de su contemplación expresa en los procesos de familia y especialmente con relación a los hijos/as de la pareja cuestionando los prejuicios e inoperancias del sistema de justicia de Familia con relación a estas conflictivas. En el capítulo 7 desarrollo experiencias que observo en la práctica judicial, estadísticas que evidencian la realidad y la ideología que ha fomentado la invisibilización del incesto y la violencia de género. Analizo el falso síndrome de "alienación parental" o SAP. Hago una reseña de sus orígenes en Argentina y describo las razones ocultas de la promoción de esta falacia en Tribunales. En el capítulo 8 hablo de las otras víctimas del incesto, las madres protectoras que denuncian el delito buscando contención de la Justicia, realizo críticas a posturas prejuiciosas. Evidencio el estado de sospecha en que se coloca a estas mujeres en los procesos judiciales y la revictimización institucional judicial de niñas y niños.

En la **cuarta parte** describo la situación de impunidad en la esfera penal del delito de abuso sexual en la infancia. En el capítulo 9 presento una mirada sobre los agresores sexuales; sus máscaras y un imaginario social que los avala. Relato en Argentina tres casos emblemáticos que muestran las características comunes de estos varones y la protección que el sistema de justicia penal les provee con sus prácticas y su ideología imperante. En el capítulo 10 efectúo críticas al sistema de justicia penal frente al delito de abuso sexual en la infancia, destaco el rol fundamental de las víctimas. En el capítulo 11 cuestiono la prevalencia del principio de la duda *in dubio pro reo* cuando hay niñas o niños como víctimas del delito. Analizo la necesidad de la imprescriptibilidad de estos delitos por sus efectos durante toda la vida de sus víctimas. En el capítulo 12 establezco la relación entre el delito de abuso sexual en las infancias y las realidades mafiosas de la explotación sexual de niñas, niños, adolescentes, jóvenes y mujeres. Evidencio cómo el estado de vulnerabilidad creado por el abuso sexual en la infancia es territorio fértil para ser captado por estas mafias generadoras de la actual esclavitud del siglo XXI. En el capítulo 13 relato cuatro historias desde mi propia experiencia y actuación como jueza civil en las cuales la impunidad en la esfera penal produce efectos traumáticos en las vidas de las víctimas del delito de abuso sexual en la infancia.

La idea motriz de este libro es que la credibilidad de la palabra y los relatos de abusos sexuales de niñas y niños, forme parte de la necesidad de implementar cambios sustanciales en el sistema de justicia para niñas y niños abusados sexualmente, para hacer efectivos en los procesos judiciales de Familia y Penales sus derechos humanos como niños/as y como víctimas de delito. Es la búsqueda de que sus voces silenciadas por el delito sean escuchadas en la Justicia y se crea en sus relatos. Se contenga no solamente a la niña o niño abusado sexualmente sino también al adulto, a la madre protectora que ha denunciado el delito. Debe la Justicia dejar de ser esa estatua de piedra, estática e impenetrable para esa niña o ese niño cuya infancia han destrozado. Ninguna esperanza tiene la humanidad si los que matan infancias siguen impunes.

PRIMERA PARTE

Abuso sexual en la infancia y derechos humanos de la niñez

Capítulo 1

Niñas y niños en la familia, la sociedad y la Justicia

No veo cómo evitar ese pronóstico sombrío de un mundo que se descuida de sus niños, que destruye el encanto de su infancia dentro de ellos, que pone fin prematuro a su inocencia, y que les somete a toda suerte de privaciones y humillaciones, efectivamente no tiene futuro.

Juez Antônio A. Cançado Trindade

1. La infancia en la historia humana

La causa de la niñez está muy mal defendida en el mundo, esta es una realidad evidenciada en los atropellos, explotación, maltratos, abusos que padecen millones de niñas y niños. Los adultos necesitan de una niñez acallada para sostener su poder en el mundo, un poder que se muestra depredador, insensible y soberbio. Niñas y niños con su frescura, su innata ternura y alegría cuestionan ese poder adulto. Lo hacen con su presencia sincera, espontánea, alegre. La historia de la humanidad es un camino plagado de atrocidades contra la niñez. La violencia no es condición humana. Niñas y niños nacen para amar y confiar, somos los adultos los que les enseñamos la violencia, la mentira, el abandono. En la niñez está el germen de una humanidad mejor. Poner nuestra mirada adulta, nuestra intención y especialmente nuestra acción, desde el lugar que nos toque, en proteger y resguardar la infancia de niñas y niños, es esencial en el camino de la evolución humana. François Dolto (2008) dice que los adultos tienen miedo de liberar ciertas fuerzas, ciertas energías que niñas y niños evidencian porque cuestionan su autoridad, sus conquistas y privilegios sociales. Alice Miller (2009) recalca el valor de la infancia en la vida del hombre, allí está el germen de su existencia futura. La infancia es el cimiento del proyecto de vida de un ser humano. Niñas y niños fueron en la historia humana cosificados para "uso" de los adultos, y los adultos ejercieron un poder omnímodo sobre ellos. Fueron y siguen siendo maltratados de todas las formas posibles, sin respeto a sus sentimientos, a sus cuerpos y menos aún a su palabra. La historia de la infancia es una historia de dolor y silencios de niñas y niños.

Los adultos creen saber lo que es mejor para niñas y niños, esa es la soberbia de su pretensión. Desprecian en niñas y niños su capacidad de sentir, de expresar esos sentimientos y comprender aquello que les produce alegría, tranquilidad, seguridad, o angustia y sufrimiento. Un mundo adulto para el cual es un escándalo que el ser humano en estado de infancia sea su igual (Dolto, 2008). El adulto teme esa originalidad existencial que cada niña/o trae al mundo, esa mirada que es revolución en la naturaleza, el tiempo y el amor. Por eso, la cultura adulta los doméstica para convertirlos en adultos dóciles y manipulables socialmente. Consumidores sumisos y ciudadanos inofensivos. El niño/a, es el talón de Aquiles del adulto, quien aparentando ser el más fuerte, tiene miedo de quedar desarmado frente a este ser de verdad. La sociedad no quiere realmente un mejoramiento en la condición humana de la infancia porque teme el genio que cada niño/a trae al mundo. Es el humano en estado de creatividad pura, disponibilidad amorosa e incondicional en un cuerpo frágil y dependiente, que para sobrevivir necesita de la protección de los adultos. Sin ese cuidado no sobrevive. La niña, el niño, seres inocentes, que no dañan. Fuentes de sabiduría en un cuerpo pequeño y desvalido. La tragedia de la condición humana reside en ello, en esa disponibilidad y confianza amorosa de niñas y niños. Humanos libres y puros que necesitan de la protección de los adultos y confían en ellos. La sociedad trata de esconder sus maltratos a la niñez declamando su interés en el valor de niñas y niños, siniestra paradoja. La opinión pública se escandaliza ante trágicas noticias de muertes y maltratos de niñas y niños, se altera en condenas llenas de elocuencia verbal hacia sus agresores. Suele ser solo fuego de artificio: luz, estruendo y humo. Cortinas de humo que la sociedad levanta para ocultar sus actos diarios de desidia y de maltrato a la niñez.

Es un hecho incontrastable en la historia humana la crueldad ejercida hacia niñas y niños. Una realidad histórica pasada y presente que confronta las palabras y las declamaciones sociales que dicen proteger y exigen cuidados a la infancia. ¿Cuál es la razón de este desfasaje entre palabra y acción de la sociedad? Creo que es el miedo y la indiferencia social. Miedo porque cuando hay agresiones a niñas y niños, contrariamente a la creencia popular, defender a una niña o un niño requiere coraje y más aún cuando los agresores/as tienen poder social o económico. Optar por su bienestar, por hacer efectivos sus derechos, por hacer que su voz silenciada sea escuchada cuando han sido víctimas de maltrato físico, emocional, sexual, requiere de acciones comprometidas y valientes. Miedo, que como una gran mancha de aceite cubre especialmente a tantos operadores del ámbito de la psicología, educativo, judicial. El no querer enfrentar las consecuencias de la defensa a niñas y niños víctimas de traumas ocasionados por agresores que se enmascaran en su rol social adulto. Miedos y prejuicios sociales que estigmatizan a niñas/os y a sus defensores frente a la credibilidad social dada a los agresores adultos que tan bien saben ocultar, mentir y manipular.

La indiferencia social está dada en tanto que la sociedad solo reacciona como opinión pública cuestionadora, cuando el hecho traumático que afecta a una niña o un niño se ha evidenciado en tragedia. Solo reacciona escandalizada frente a los detalles escabrosos o la muerte de una niña o niño expuesta públicamente por los medios de comunicación. Cuando de derechos de niñas y niños se trata la conducta ética no consiste solamente en un actuar conforme al bien, ni en meras expresiones emocionales, es algo mucho más trascendente, requiere compromiso e interés activo y solidario. Es ver las realidades descarnadas de niñas y niños dentro o fuera de sus familias. Cuando sale a la luz social el asesinato, el abuso sexual, el maltrato, la tortura de una niña, de un niño, hubo antes una cadena de miradas que fueron de evasión, hubo carencia de compromiso, complicidades, una declamación de derechos de la infancia que solo quedaron en eso, en meras palabras. Una niña, un niño, muerta/o, abusada/o, maltratada/o es un grito de impotencia que estuvo silenciado, una voz que no fue escuchada, una ausencia de mirada. Mientras el miedo, la indiferencia, no sean desterrados del actuar adulto en su actuación frente a una niña o un niño víctima de violencia, maltrato o abuso sexual; mientras no haya conductas de respeto, cuidado y protección hacia la niñez seguiremos acumulando víctimas. No podremos evolucionar como sociedad humana si no miramos en esa dirección y asumimos cada uno en su rol social su compromiso inalienable para con niñas y niños, haciéndolo con valor y con intención de cambio.

2. Familia para niñas y niños

El sentido primigenio de la familia es el cuidado y protección de sus integrantes más vulnerables: sus niñas y niños. A una niña, a un niño, les están vedadas todas las vías que la naturaleza ofrece para proteger su integridad humana (Miller, 2009). La familia suele ser definida como la unidad indispensable de toda organización social, el medio natural en el que se genera, desarrolla, se organiza y se mantiene la vida del hombre. Por lo cual la eficacia de su función estará dada en esa defensa de la vida y la salud de sus integrantes (Yocco, 1992). Criterios culturales y mandatos sociales permiten que dentro de esa célula social protegida, niñas y niños sean víctimas de los crímenes más atroces; un ámbito cerrado a la mirada pública donde niñas y niños pueden ser torturados emocional, sexual o físicamente por aquellos que debieran cuidarlos. La sociedad tiene pánico de adentrarse en las realidades escondidas y silenciadas en las familias, prefiere seguir ciega, sorda y muda. Sucede que cuestionar la familia, sacarla del pedestal en que se la coloca socialmente implica el cuestionamiento de la existencia humana, las miserabilidades del hombre. Resulta cómodo para la sociedad que la familia siga siendo incuestionable: niñas y niños no acceden al poder social, es fácil silenciarlos. Los adultos somos expertos en la tarea de simular, acallar y esconder vicios y perversiones tras fachadas sociales atractivas.

El psiquiatra chileno Claudio Naranjo (2010) nos señala que la familia es un ámbito íntimo regido culturalmente por una mentalidad patriarcal, donde el padre sabe más que nadie y expresa:

> Esas relaciones de dominio y sumisión que no son inducidas solo por la violencia y su amenaza sino que se establecen sobre la base de una percepción de superioridad o inferioridad; y la superioridad, a su vez, conlleva una connotación de sabiduría o experiencia mayor, o de una mayor capacidad intelectual, como la que siente típicamente el niño pequeño ante el padre.

La familia, cuyo fin debiera ser esencialmente amoroso, como en toda relación humana evolucionada, es una institución culturalmente infranqueable y patriarcal, un territorio propicio para los secretos y el silencio. La familia resulta un ámbito privilegiado para los actos sin límites éticos, fértil para autoritarismos y crueldades sin mirada pública. Por tales razones niñas y niños suelen ser su "cordero del sacrificio". La niñez necesita y depende para sobrevivir de los adultos, de los padres. Y esta dependencia es material en cuanto los padres son sus proveedores de sustento, vestimenta, cuidados. Pero fundamentalmente es una dependencia amorosa: niñas y niños aman y confían en sus padres independientemente de su actuar. Niñas y niños necesitan para crecer el alimento y el amor de sus padres. Amor con su idioma cotidiano: la ternura. Es esa dependencia afectiva y material en los padres, esa inmadurez física en contraste con un estado máximo de creatividad, talento y sensibilidad, lo que constituye el drama de la condición humana (Dolto, 2008). Si se erige a la familia en una unidad social legitimada en sí misma se la convierte en una fortaleza inexpugnable en cuyo interior niñas y niños se hallarán a merced de sus padres y allí podrán los adultos con su poder disponer de ellas/los a su voluntad.

El concepto de familia humana debe por lo tanto ser comprendido desde estas dos ópticas: la fuerza existencial y creativa de niñas y niños y el poder de los adultos que debieran cuidarlos. La idea social que incentiva la veneración de los padres con independencia de su conducta es la concepción patriarcal que permite y promueve la impunidad de actos de violencia física, sexual, emocional o económica sobre los integrantes más vulnerables: sus niñas y niños.

La gran revolución humana está en la visualización social de los atropellos a los derechos humanos de niñas y niños dentro del ámbito familiar. Creo que la promoción de la igualdad, la solidaridad y el respeto mutuo en esa unidad social primigenia tiene a niñas y niños como sus integrantes primordiales a proteger y son quienes le dan su sentido. Es esencial promover y activar cambios de esta realidad silenciada y dolorosa de millones de niñas y niños porque el futuro humano hacia una mejor y más amorosa humanidad necesita como base infancias felices. En la niñez está la única esperanza de evolución humana hacia lo mejor de mujeres y hombres. Deben ser rotos los muros de silencio, los oscuros secretos que guardan y ocultan las angustias de tantos miles de niños y niñas dentro de las familias. Ninguna evolución humana es posible si no se quiebra la impunidad de todos aquellos que amparados en sus roles parentales matan infancias.

3. Justicia y niñez

En el transcurso de estos dieciocho años como jueza he observado que hay aspectos en el sistema de justicia que contrariamente a las argumentaciones teóricas del Derecho, privilegian a la familia por sobre los derechos humanos de niñas y niños. Aunque se declare lo contrario, con el uso reiterativo en las resoluciones judiciales del principio del "interés superior del niño" del artículo 3 de la Convención Internacional sobre los Derechos del Niño (CIDN). Sucede que las palabras y los nombres evidencian las ideologías subyacentes. Las/los juezas/ces y Tribunales son de "Familia". La ideología patriarcal sobre niñas y niños ha sentado raíces en el Derecho. El poder paterno sobrevaluado, entronizado por las concepciones jurídicas y las prácticas judiciales. La evolución de las normas y del discurso jurídico legal argumenta que niñas y niños ya no son concebidos en la Justicia en tal forma, cambiando terminologías pero sin cambiar la concepción ideológica. Lo que marca la evolución no son las palabras en sí mismas ni las argumentaciones teóricas sino la praxis. Vivimos en una sociedad que promueve, aun no queriéndolo expresamente, estas conductas. Desfasada la realidad de la declaración de esa realidad, imágenes impactantes, palabras que suenan muy bien, una amplia gama de artilugios para la seducción colectiva. Sucede, que como dice Paulo Freire (1969) la palabra sin acción que la sustente se convierte en palabrería y la palabra verdadera es reflexión y praxis. El derecho de un/a niño/a debe ser un hecho palpable, vivencial y presente para esa niña, ese niño, porque como expresaba la poetisa Gabriela Mistral: "El niño no puede. Ahora es la hora, no podemos responderle *mañana*, su nombre es *hoy*".

La praxis jurídica está en los procesos judiciales. Es allí donde emerge la realidad de la infancia en la Justicia. Se sigue considerando a niñas y niños, en los actos judiciales, como seres humanos disminuidos e inferiores para hacerse respetar, escuchar y comprender en sus sentimientos. Son atropellados en su integridad emocional, maltratados, ignorados al momento de resolver sobre su existencia por operadores judiciales erigidos en "dioses del Olimpo". Se sigue considerando a niñas y niños como incapaces y se los amordaza cuando han evidenciado en su conducta y su palabra delitos emergentes del ámbito familiar en el cual son sus víctimas. Juezas y jueces, fiscales y demás operadores de la Justicia siguen actuando y resolviendo frente a niñas y niños como si estos fueran ciudadanos de segunda clase, hablan pero no se los escucha, expresan lo que sienten de las maneras más dramáticas, pero se los obliga contra su voluntad a ver a padres o madres a quienes rechazan ver. No hay tiempo para niñas y niños en los procesos judiciales, el reloj judicial no está parado frente a sus angustias expresadas en llantos, somatizaciones de salud, gritos de desesperación, silencios traumatizados. La Justicia no respeta la dignidad humana de toda niña, de todo niño angustiada/o. No se respetan los *no* de una criatura. No se contempla que toda negativa de una niña o un niño a ver a un padre o una madre tiene una causa emocional o psicológica que debe ser indagada por las/los profesionales psicólogos y psiquiatras expertos en el tema. Más aun, cuando se cierne la oscura sombra de una denuncia de incesto o de violencia de género. La negativa de una niña o un niño a tener contacto con su padre o madre debiera ser un freno al acto judicial inmediato más aún si hay delitos en los que son sus víctimas.

El rechazo de una niña o un niño expresado en gestos, en llantos, en problemas de salud, debiera ser escuchado por juezas y jueces. Los funcionarios judiciales deben resguardar el derecho humano de niñas y niños en un proceso judicial a no ser forzados a hacer actos a los que se niegan de igual manera que lo consideran cuando se trata de un adulto. Debieran suspenderse los tiempos procesales judiciales hasta la dilucidación de la causa de ese rechazo, de esa negativa que manifiesta esa niña, ese niño. Lamentablemente el camino seguido en los procesos judiciales es precisamente el contrario en la mayoría de los casos, se avanza sobre la negativa de la niña o niño, se atropella su integridad emocional sin resguardos terapéuticos y sin tiempo necesario para indagar causas. La Justicia se convierte en estas situaciones en una maquinaria destructiva de esa niña o niño, y avanza aplastando su voluntad y su integridad emocional. Resoluciones judiciales donde se ordenan revinculaciones en contextos de denuncias de incesto, con argumentaciones teóricas que contrarían la resistencia angustiosa de niñas o niños a ver a ese padre (o madre en su caso), manifestada en ataques de llanto, gritos, descomposturas y demás somatizaciones físicas.

El drama de la infancia en la justicia es universal. No se respeta su dignidad humana. La ideología imperante en tribunales es patriarcal, sitúa a los adultos, representados en los padres y los operadores jurídicos, en un escaño superior a niñas y niños, con la anquilosada idea de que el adulto "sabe lo que es mejor para niñas y niños". Esta nefasta idea permite una balanza de la Justicia desequilibrada para la niñez, invisibiliza su palabra y la amordaza, con resoluciones judiciales que omiten la protección y la seguridad de su integridad física, emocional y sexual. Cuando hay denuncias de delitos de incesto o violencia de género rige el principio *in dubio pro reo* y la impunidad del adulto agresor. Sigue siendo superior en la Justicia la integridad del adulto como "inocente" frente a la integridad de la niña, del niño, ese ser humano inocente y vulnerable por antonomasia[2].

Es la triste realidad el maltrato y desconsideración a niñas y niños en la Justicia. Se descree de sus relatos y se desoye sus negativas a ver a ese padre o madre denunciados por violencia o incesto. Un *no* de niñas y niños debe ser no solo respetado en su palabra sino en su dignidad humana, en su capacidad –aún con sus cortos años de edad– de comprender y sentir que no quieren en su momento presente. La psicología, la psiquiatría y todas las ciencias humanas que estudian el ámbito íntimo del hombre tienen la responsabilidad de analizar y diagnosticar la causa por la cual esa niña o ese niño se niega y se resiste a ver a su padre o madre, pero jamás ese rechazo debe ser avasallado por adulto alguno. Avasallar ese *no* de la niña o el niño en nombre de cualquier ciencia es un acto de violencia, un atropello a su integridad. Es el fracaso de esa ciencia cuando su misión es precisamente la búsqueda de los caminos terapéuticos y amorosos para indagar el motivo, la circunstancia que impulsan a esa niña, a ese niño, a una conducta de rechazo. La causa no se encuentra con la violencia, y forzar (del latín, *fortis* significa "fuerte, violento") es violencia. Sentido común, sentido de derecho natural o mejor aún "sentido" de amor al otro como ser único y libre. Una niña o un niño tienen ese derecho inalienable, hace a su condición humana.

2 La palabra "inocente" deriva del latín *innocentem*, acusativo de *innocens; in- no- nocens* ("que daña"). (Gómez de Silva, 2013).

4. Enemigos de niñas y niños. La estrategia

En los ámbitos académicos de las ciencias jurídicas, como sucede en la psicología o la psiquiatría existen profesionales e intelectuales defensores de una sociedad patriarcal. Son reaccionarios a todo avance en la visibilización de las realidades de la violencia de género y el maltrato o abuso sexual hacia niñas y niños. Muchos de ellos, los más perversos, simulan su real ideología. No la exponen, la ocultan. Son profesionales que venden posturas pseudo protectoras de la infancia y de los derechos de la mujer en artículos académicos, en alocuciones, en conferencias, en congresos o ante los medios masivos de comunicación. Su intención es aviesa y secreta. El *establishment* de la sociedad los promueve. Su ideología patriarcal no manifiesta, contraria al avance de los derechos humanos efectivos de mujeres, niñas y niños dentro de la familia, les permite el acceso fluido a los medios masivos de comunicación y a los espacios académicos. Se publican sus libros en editoriales de renombre, se les facilita el ingreso como "capacitadores/as" en el Poder Judicial y en la Universidad. El fin es constituirlos en "expertos/as" entendidos en estos temas. Cuando ya se los logra instalar públicamente, cuando son figuras reconocidas socialmente, cuando fueron "vendidos/as" convenientemente en los medios de comunicación, en el mundo académico y social, pueden mostrar su real intención y naturaleza. La táctica es que mientras se instalan en el imaginario colectivo tanto del campo popular como académico callan, evitan abundar en todo aquello que evidencie su real ideología. El objetivo final es instalar en la sociedad mentiras en atractivos envases. La contracara silenciada, y que solo la realidad expone, es la tragedia en la vida de niñas, niños y mujeres dentro de ámbitos familiares y en la Justicia. Es la metodología dilecta de manipuladores y mentirosos, enemigos de niñas y niños, porque ellos necesitan palabras claras y respuestas sencillas y directas. Creo que debemos en el ámbito del Derecho y en el ámbito social aprender a desmantelar estos soliloquios intelectualoides. Las respuestas a la problemática de la infancia dentro de la familia deben ser directas, efectivas en su praxis y expresadas con claridad. Niñas y niños nos lo piden en su dolor silenciado.

5. Soberbia e insensibilidad: vicios del poder

Se observa en muchos de los operadores judiciales frente a niñas, niños y mujeres víctimas de violencia de género y abuso sexual un patrón de conducta con tres vicios: soberbia, carencia de empatía y falta de responsabilidad ética. La soberbia se nutre en la mayoría de los casos en la ignorancia y por tal razón suele ser inflexible. La soberbia de juezas, jueces y demás operadores judiciales en el tratamiento de delitos contra niñas y niños causa estragos en sus vidas porque el mundo del Derecho no da respuestas a la compleja y traumática realidad de los abusos sexuales paterno-filiales. Tampoco es en la ciencia jurídica donde se encontrarán las explicaciones a la violencia de género dentro del contexto familiar y sus efectos en hijas e hijos. A esta soberbia inflexible se suma la falta de empatía de estos operadores judiciales: aunque en sus verbalizaciones y resoluciones suelen usar de modo declamativo el principio del "interés superior del niño"[3], resuelven sin considerar la negativa, la angustia, las somatizaciones evidenciadas por niñas y niños. No les interesa saber qué siente el niño/a con sus resoluciones judiciales o actuaciones en el proceso judicial. Soberbia y carencia de sensibilidad humana y empática producen la realidad trágica de los procesos judiciales en las vidas de las víctimas de la violencia de género y el abuso sexual infantil. Ignoran pero creen saber, no perciben estados de vulnerabilidad de víctimas de delitos y no asumen su personal responsabilidad ética frente a las vidas de esos niños/as y sus madres o padres protectoras/es. Cada acto judicial marcará para bien o para mal la existencia de una infancia. Somos los jueces/zas, los abogados/as, los/las peritos judiciales y demás profesionales y operadores de la Justicia, personalmente responsables de esa vida, de esa infancia que marcamos con nuestros actos y resoluciones. Se observa por otra parte cómo se suman los atropellos a la niñez con normas e institutos jurídicos impuestos y motorizados por legisladores y lobbies de padres violentos y pedófilos que facilitan defensas y artilugios favorecedores al dominio del padre violento o incestuoso luego del divorcio (revinculaciones forzadas, custodia compartidas forzadas, divorcios exprés sin mención de causas de violencia de género o incesto) vertientes de la ideología pro pedófila y misógina del falso Síndrome de Alienación Parental (SAP). Institutos

[3] Artículo 3 de la Convención Internacional sobre los Derechos del Niño.

jurídicos que son promovidos con eslóganes y sustentados en un derecho comparado seleccionado conforme esta ideología. Medios proporcionados por juristas que hablan de derechos de mujeres y niñas/os pero que instalan institutos jurídicos que en la práctica judicial efectivizan un control post divorcio de hombres agresores y pedófilos, amordazando y castigando ferozmente a mujeres que osaron alejarse de ellos por la violencia o el incesto y recurrieron a la Justicia con sus denuncias.

6. Concepto social de familia. De eso no se habla

La ideología imperante en Tribunales sostiene el poder incuestionable de los padres sobre mujer e hijas/os; niñas y niños son silenciados y cuando hablan no serán creídos. La mirada social, como he expresado anteriormente, es de complicidad o indiferencia y la Justicia es espejo de esta mirada. Es el argumento que busca escindir al varón como pareja y como padre, con lo cual omiten la mirada sobre los efectos de la violencia de género y del incesto en la familia, en niñas y niños de esa familia. Prejuicios y mitos sociales que amparan y preservan este modelo patriarcal. Que consideran a niñas y niños como seres humanos "tontos", que mienten y sostienen mentiras aun sobre hechos traumáticos y sexuales, y que pueden ser fácilmente manipulables. Un modelo ideológico que valoriza especialmente el rol del *pater*, incuestionable en sus actos, el "padre que te tocó", el "padre para siempre". Evidenciar la realidad social del maltrato y el abuso sexual infantil, hacer visible y audible la voz de niñas y niños, es una afrenta para una ficción de familia que se pretende siga siendo impenetrable. Un concepto social de familia en el cual hijas e hijos deben venerar a sus padres mientras vivan. Un concepto cultural donde los padres están por sobre los hijos. La historia humana está plagada de vidas humanas destruidas por estos mandatos culturales. Claudio Naranjo analiza este concepto social de la familia y señala que se apoya en dos pilares. El primero es el vínculo destructivo del niño maltratado con su verdugo, que en no pocas ocasiones pone de manifiesto el comportamiento masoquista, que llega a crueles perversiones. El segundo pilar es la moral, que desde hace miles de años nos amenaza con una muerte temprana en caso de que nos atrevamos a no querer a nuestros padres, sin importar lo que nos hayan hecho (Naranjo, 2010). Por su parte el médico y psicoanalista de niños y adolescentes argentino Jorge Volnovich dice que la ideología subyacente que sustenta estos mandatos culturales está en considerar al niño como propiedad de la familia y eso suele escucharse cuando a la niña/o se le dice: "Es el padre o la madre que te tocó, y punto". Esta creencia es construida sobre un concepto de familia *sagrada* que aflora especialmente cuando es develado el abuso sexual infantil intrafamiliar. Allí se generan todas las estrategias para invisibilizarlo socialmente y una de ellas es la desmentida de todo tipo de visibililización (Volnovich, 2008). Una unidad social infranqueable, la familia, que permite la violencia y el abuso de los padres hacia los niños será su centro de torturas y el ser querido por la niña o el niño será su verdugo (Miller, 2009).

Fernando Ulloa (2005) médico psicoanalista y referente del desarrollo del psicoanálisis en Argentina relaciona a la familia con la ternura y la crueldad. Él expresa que lo que define *lo familiar* es el entorno de la ternura. Y la ternura supone tres suministros básicos: el abrigo, el alimento y el buen trato. Un buen trato que alude al amor. Es ese "telón de fondo de la ternura", dice Ulloa, lo que define a una familia y a un padre. Su contracara es la crueldad, por la cual el ejecutor se abroquela en la pretensión de impunidad. Se produce allí aquello que denomina la "encerrona trágica", la encerrona cruel en la que alguien para dejar de sufrir o para cubrir sus necesidades elementales de alimentos, de salud, depende de alguien o algo que lo maltrata, sin que exista una terceridad que imponga la ley. Aquí la víctima no puede huir del círculo de violencia y tortura porque está aislada, vulnerable, sola en un espacio cerrado con su victimario, que tiene poder sobre ella y sobre su cuerpo, sus sentimientos y emociones (Ulloa, 2005). Es esta "encerrona" la que padecen los niños cuando sufren maltrato o abuso sexual intrafamiliar por parte de sus padres. Es esta su tortura: el desvalimiento, la culpa, el amor, la incomprensión, la confusión se conjuga sin testigos y en secreto. Allí la familia es prisión y es cadalso. Si bien la integridad de la familia y su preservación es uno de los objetivos ideales de todos quienes trabajan en dicho campo, señala Alicia Ganduglia (2002) que las cifras –por lo menos en Estados Unidos– no acompañan el pensamiento optimista ni piadoso sobre la posibilidad de reparación de lazos familiares biológicos especialmente en casos de maltratos graves a los hijos. Cita datos de la Asociación Americana de Asistencia Pública y del Departamento de Salud y Asistencia Pública de los Estados Unidos (1993) que resultan interesantes para observar:

> Casi 600.000 niños están al cuidado de hogares sustitutos diariamente, la mayoría de ellos como consecuencia de abuso y negligencia. La mayor parte de los niños en guarda externa, el 62%, son reunidos con sus padres. Pero, dentro del año, la mitad vuelve a la guarda externa como consecuencia de nuevos episodios de abuso o negligencia. Menos de un tercio de los niños que permanecen en familias sustitutas llega en algún momento a reunirse exitosamente con sus padres. De 3 millones de casos informados de abuso y maltrato 1.200 fueron muertos por sus padres y la mitad de ellos tenía antecedentes reportados de abuso y negligencia.

Mueren más niños menores de 5 años de edad como consecuencia de malos tratos de los padres o de quienes los tienen a su cargo que como consecuencia de la tuberculosis, la poliomielitis, la diabetes y la fiebre reumática, todas ellas juntas (Rascovsky, 1992). Por eso cuando se defiende a la familia como institución incuestionable por sobre los derechos humanos de sus integrantes más vulnerables; cuando se erige el rol de padre como indispensable en la vida de sus hijos, se lo encubre en su rol de poder. Cuando se descree de los niños en realidad se pretende silenciarlos y lograr la impunidad del padre agresor. Cuando se privilegia la figura del padre en la vida del hijo/a por sobre las denuncias de violencia y de incesto se aplica un concepto del perdón "ciego". Su fin es el no cuestionamiento del padre en su poder absoluto sobre hijas e hijos. Es el concepto de un perdón reinvindicatorio del padre en la sociedad. Cuando se privilegia el valor de la familia y el rol paterno sobre sus integrantes vulnerables, niñas y niños, se produce una alteración del sentido profundo de este grupo social primigenio cuyo origen y destino es precisamente el cuidado de sus integrantes más débiles y el amor como su esencia. La niñez es superior a la familia porque debe ser cuidada, respetada con ternura. Eso es familia y eso es *ser padre* para una niña o un niño. Todo discurso que esgrime la necesidad de proteger a la familia en sí misma esconde esta ideología autoritaria y patriarcal donde niñas, niños y mujeres no deben rebelarse frente a la violencia o el abuso sexual. No quieren que sálga a la luz social los maltratos y su argumento es: la familia y el derecho del niño a la familia. Es la *famiglia* con su mensaje para quienes se atrevan a denunciar los delitos que ampara. La *omertá* (la "ley del silencio mafioso": no hablar, no denunciar, sino vendrá el castigo ejemplificador). Pero la caja de Pandora una vez que ha sido abierta no podrá cerrarse y más fuerte que la ley del silencio, es la ley de la verdad.

Capítulo 2

La niñez en el Derecho

1. La significación de las palabras

Durante muchos años niñas y niños han sido considerados en el Derecho como "incapaces" y la palabra para nombrarlos era "menores". Esta palabra deriva del término "menores de edad", concepto jurídico creado para establecer limitaciones legales, de acuerdo a la edad de la persona, a sus capacidades, derechos y obligaciones. Con la promulgación de la Convención Internacional sobre los Derechos del Niño en el año 1989[4] la manera de nombrar a niñas y niños ha cambiado en el mundo. Dice la lingüista Ivonne Bordelois que la cultura es el ensayo de interpretación mutua y el lenguaje es el puente entre los humanos que más dice de nosotros. Usar la palabra "menor" para referirse a una niña o un niño es considerarla/o inferior al adulto. En el ámbito de la Justicia hay juezas y jueces que todavía hoy siguen llamando a una niña o a un niño: "menor". Un lenguaje respetuoso, centrado en niñas y niños es un comienzo que nos abre la posibilidad a cambios, a transformación. Comencemos por cuidar las palabras que usamos en nuestras resoluciones judiciales y que son peyorativas a la dignidad de la niñez. Bordelois (2003)cuando nos convoca a la etimología expresa que las palabras tienen su aura enlazada con su significado primigenio y que algunas son "mágicas", como la palabra "niño". "Niño" es una palabra cuyo origen etimológico estaría en el romance común *ninnus*, palabra indoeuropea cuyo origen está en la palabra *nana* del sánscrito que significa *madre* (Gómez de Silva, 2013). Partir de las palabras con las cuales nombramos a niñas y niños es ese primer paso hacia el reconocimiento de sus derechos. Digamos pues *niño, niña, criança, child, enfant, bambino,* según nuestra cultura que con

[4] Aprobada y ratificada por Argentina en el año 1990 y por la mayoría de los países del mundo salvo Estados Unidos y Somalía.

su idioma ha puesto nombre a la ternura humana en su criatura, su origen, su fuente expansiva en creatividad, amor y confianza. Su única esperanza de un mundo mejor.

2. Una justicia para la defensa de la niñez

Cuando comencé mi carrera como abogada tenía 21 años de edad y creía que el Derecho era la Justicia y que como ciencia jurídica me daría todas las herramientas para la defensa de los derechos de los más vulnerables de la sociedad, especialmente de la niñez. Los años y la práctica de la abogacía y de la judicatura me fueron enseñando que ambos pensamientos eran ideales no realidades. El Derecho no puede dar respuesta a realidades humanas traumáticas que afectan a la niñez en sus infancias y adolescencias dentro y fuera de las familias. Es una ciencia que tiende a una racionalidad formal, que en su praxis suele ser burocrática y cuya ideología imperante es Conservadora y Patriarcal, donde niñas, niños y mujeres son menospreciados.

El abuso sexual en la infancia es un delito perpetrado en la mayoría de los casos dentro de la familia. Es un delito donde se complejizan los efectos y conductas de víctimas y victimarios. Una criatura abusada sexualmente por su padre puede querer verlo y comportarse con alegría frente a él o no contar lo vivido, manifestándose en su mutismo. Un/a abusador/a sexual de su hija o hijo puede mostrarse como una persona afable de agradable trato. Por eso el Derecho no puede dar respuesta desde sus propias fuentes al abuso sexual en la infancia y necesita indispensablemente recurrir a las otras ciencias estudiosas de la psiquis, de las conductas humanas y sus traumas como la psicología o la psiquiatría.

La ideología patriarcal imperante en los ámbitos académicos y judiciales del Derecho promueve la ignorancia sobre el abuso sexual en la infancia. Sucede que indagar en este delito cuestiona la imagen cultural de la familia y de la autoridad paterna dentro de la misma. Estudiar el abuso sexual en las infancias lleva a los entramados secretos familiares, a los actos perversos humanos hacia sus niñas y niños. No se sale indemne de su estudio, conmociona y afecta ideas culturales instaladas en la sociedad como verdad incuestionable sobre lo humano.

Esta postura conservadora-patriarcal en el Derecho afecta los planes de estudios impartidos y el material académico que forma y capacita a futuros/as abogados/as. Estos lineamientos ideológicos son formadores de los/las profesionales del Derecho que egresan de las Facultades de Ciencias Jurídicas y Sociales, siendo también la cuna de jueces/zas, juristas y legisladores/as.

La realidad consecuente es que esta formación jurídica conservadora y patriarcal se resiste al avance de los Derechos Humanos de mujeres, niñas y niños en la sociedad y en la Justicia. Existe un *establishment* del Derecho, con fuertes vínculos con las grandes y monopólicas editoriales jurídicas y las universidades y medios de comunicación masivos, que promueven a profesionales y juristas afines a su ideología dominante. Se los "vende" para propagar su ideología como verdad incuestionable.

Jueces/zas, abogados/as y demás funcionarios en la Justicia debemos por lo tanto evolucionar en posturas emergentes de esta formación académica conservadora. Más aún si es nuestra intención la protección de los derechos humanos de niñas y niños en los procesos judiciales. Esta evolución requiere del aporte de otras ciencias humanísticas para poder comprender y dimensionar las características y consecuencias de delitos que matan infancias y adolescencias humanas y son perpetrados en secreto e impunemente.

No saber es excusable, se remedia con humildad y aprendizaje, por el contrario, *no querer saber* es soberbia e ignorancia inflexible y cuando de derechos de niñas y niños se trata, es criminal. Allí surge nuestra responsabilidad ética y social. Cuando como juezas o jueces no queremos saber de estos temas por una decisión ideológica o por la comodidad del poder que ejercemos, nuestra responsabilidad es inexcusable. Somos cómplices de quien actuó impunemente sobre la vida de esa niña o niño.

Cuando el sistema de justicia frente a delitos que afectan a niñas y niños como el abuso sexual preserva la desidia y la soberbia de sus operadores judiciales, abandona a su suerte a quienes actúan con coraje y sensibilidad humana, promueve el descreimiento de las denuncias y relatos de sus víctimas maltratándolas institucionalmente, se construye un camino hacia la impunidad y la revictimización. Esta es la lamentable realidad actual de estos delitos en el sistema de justicia.

3. Una víctima "inocente"

Germán Bidart Campos (1999) cuando analiza los cambios producidos en este mundo globalizado y su influencia en las ciencias jurídicas, resalta en una de sus ramas, la criminología, la importancia del estudio desde la perspectiva de la víctima del delito y su entorno familiar. Destaca la necesidad de un acceso amplio y directo de la víctima al sistema de justicia, que nace del principio del *favor debilis*, donde en una relación de poder asimétrica se preserva, reconoce y ampara a la parte vulnerable, débil. La víctima debe ocupar un lugar central en el proceso judicial.

El avance en el Derecho Internacional de los Derechos Humanos conduce a privilegiar y dar un rol central a la "víctima" en el proceso judicial. En el año 1985 fue promulgada en forma unánime por la Asamblea General de la ONU la Declaración de Principios Básicos de Justicia para Víctimas de Delito y Abuso de Poder (ONU, 1985). Esta Declaración de Principios ha sido considerada la "Carta Magna de derechos de la víctima". Uno de sus promotores, John P. J. Dussich (2007), presidente de la World Society of Victimology, describe la trascendencia universal de este documento:

> La esencia de este documento fue colocar a la víctima en el foco de manera que todos los gobiernos abracen el concepto de que las 'Víctimas merecen respeto por su dignidad, su privacidad y su seguridad'. Aquellos de nosotros que habíamos sido parte de este proceso nos sentimos exaltados, ennoblecidos y empoderados. Le habíamos dado una largamente aguardada voz a los silenciados, habíamos provisto nuevas opciones para los desamparados, y ¡habíamos hecho una buena acción para la humanidad!.

En el año 2005 y a solicitud de la Oficina Internacional de los Derechos de Niñas y Niños de las Naciones Unidas un grupo intergubernamental de expertos en Prevención del Delito y Justicia Penal elabora las *Directrices sobre la justicia para los niños víctimas y testigos de delitos* (ONU, 2005). El objetivo de este documento es hacer una interpretación más específica de la Convención Internacional sobre los Derechos del Niño para esta materia.

En Argentina una de las pioneras en los estudios de la Victimología, la doctora Hilda Marchiori (1988), señala las múltiples secuelas físicas, emocionales y sociales que la víctima de todo delito presenta.

En la escala de vulnerabilidades Marchiori destaca a quienes denomina "víctimas inocentes", aquellas que por su condición física, emocional o sexual no perciben el peligro de la agresión. Entre ellas las niñas y los niños.

Las niñas o los niños no tienen percepción del peligro, confían, no tienen posibilidad de reacción y su indefensión es absoluta. Como expresa Alice Miller (2009):

> [...] un niño que ha experimentado la violencia, el desprecio y los abusos no puede defenderse. Todas las vías que la naturaleza ofrece para proteger la integridad humana le están vedadas, pues podría morir si protestase... Por lo que el niño debe reprimir, en la mayoría de los casos los recuerdos del trauma, y siempre los sentimientos indeseados, particularmente intensos, que en general aparecen como consecuencia del trauma [...]

Por eso es tan fácil engañar a una niña o un niño para perpetrar luego el delito del abuso sexual. Dice la doctora Marchiori (1988) que les resulta difícil a una niña o un niño la comprensión de la agresión y la violencia.

Miller (2009) describe con claridad la vulnerabilidad de una niña o un niño ante el abuso de la persona en quien confían y a quien aman:

> Para mí el abuso significa que una persona utilice a otra para todo cuanto quiere de ella y de la manera que más le conviene. Le exige todo sin pedirle su consentimiento, sin respetar sus necesidades o sus intereses. Es muy fácil hacer esto con los niños, porque los niños quieren a sus padres, confían en ellos, y no pueden darse cuenta de que alguien está abusando de ellos y aprovechándose de su amor.

El abuso sexual en la infancia y el incesto son delitos de lo siniestro. Es la manifestación de la maldad en lo humano. La niñez es lo más puro del ser humano, su estado de bondad. Conmociona saber que existen congéneres que son capaces de aprovechar esa entrega afectiva y confiada de una niña o un niño para abusar sexualmente de ellos. Este rechazo de la sociedad a saber de estos delitos aumenta cuando descubre que no suceden solo en estratos marginales y pobres, sino que también ocurren en estratos sociales medios y altos. Son delitos que evidencian la perversión humana.

En el incesto la relación de convivencia íntima y afectiva complejiza y agrava los efectos del delito, porque se ampara en el secreto dentro de un espacio que debiera ser de amor, cuidado y confianza. Cuando el incesto lo perpetra un padre o una madre, su víctima, esa niña o niño, quedará inmersa en un aislamiento angustioso y afectivo. Su conducta exterior no suele evidenciarlo. Así describe Miller (2009) el estado de tortura de esa niña o niño:

> A diferencia pues, del prisionero del campo de exterminio, un niño no se enfrenta al torturador odiado, sino querido y es precisamente esta trágica complicación la que ejercerá el mayor influjo en toda su vida posterior... La tolerancia de un niño no tiene límites, es siempre fiel... Está dispuesto a perdonarle todo a su padre, a asumir siempre toda la culpa, a no sentir odio alguno, a olvidar rápidamente todo lo ocurrido, a no contarle nada a nadie.

Por eso, resulta esencial –para luego hacer la denuncia del delito– la existencia, cuando la hay, de adultos protectores en su entorno afectivo que puedan ver lo que en el exterior no se ve, observar sus cambios de conducta, escucharlos y creerles si les relatan los abusos. En la inmensa mayoría de los casos el incesto es paterno-filial y los adultos que observan los cambios de conducta, creen los relatos de niñas o niños y denuncian ante la Justicia, son las madres. En mis años de experiencia como jueza puedo aseverar esta realidad.

4. Del buen trato a las víctimas del abuso sexual en la infancia

Muchas definiciones y conceptos se han dado desde la Victimología Forense acerca del concepto de "víctimas". Emilio José García Mercader[5] (2009)destaca como la definición de mayor trascendencia la vertida en la Declaración de Naciones Unidas del año 1985; y es la siguiente:

> Se entenderá por "víctimas" a las personas que, individual o colectivamente, hayan sufrido daños, inclusive lesiones físicas o mentales, sufrimiento emocional, pérdida financiera o menoscabo sustancial de los derechos fundamentales, como consecuencia de acciones u omisiones que violen la legislación penal vigente en los Estados Miembros, incluida

[5] García Mercader es presidente de la Fundación de Victimología en España.

> la que proscribe el abuso de poder. Podrá considerarse 'víctima' a una persona con arreglo a la presente Declaración, independientemente de que se identifique, aprehenda, enjuicie o condene al perpetrador e independientemente de la relación familiar entre el perpetrador y la víctima. En la expresión 'víctima' se incluye además, en su caso, a los familiares o personas a cargo que tengan relación inmediata con la víctima directa y a las personas que hayan sufrido daños al intervenir para asistir a la víctima en peligro o para prevenir la victimización.

Si se aplica esta definición a las prácticas jurídicas observamos que estas madres, quienes son las que creen y protegen a sus hijas/os y denuncian ante la Justicia el incesto revisten también calidad de víctimas. La niñez abusada sexualmente sin la existencia del adulto protector no tendría por sí misma acceso a la justicia. Esto lo saben agresores y sus cómplices (profesionales del Derecho dentro y fuera de la Justicia que atacan al adulto protector).

El acceso a la justicia es la posibilidad efectiva de un ciudadano de recurrir a cualquier jurisdicción ordinaria o extraordinaria. Es el síntoma de un sistema de justicia eficaz. Y si es la víctima de un delito es deber del Estado-Justicia garantizarle las vías necesarias para que pueda obtener reparación y condena. El Estado debe garantizar el acceso a la justicia y la protección judicial (Fortete, 2006). Uno de los derechos integrados en el acceso a la justicia es el derecho al conocimiento y el entendimiento de los derechos que esa víctima tiene para poder ejercerlos y para ello es indispensable no solo la información de relevancia sino especialmente que sea asistida por profesionales del Derecho para poder ejercerlos. La asistencia es también un deber de todo funcionario o profesional que entra en contacto con la víctima. En las recomendaciones de los expertos de Naciones Unidas se destaca como fundamental para la dignidad y recuperación de la víctima el trato que le den los profesionales con los que entra en contacto luego del hecho delictivo. Policías, fiscales, abogados y demás operadores del sistema de justicia.

Estas madres protectoras acuden a la Justicia en busca de seguridad para sus hijas e hijos con el fin de poder luego iniciar juntos el camino de recuperación terapéutico. Es la necesidad de recurrir al Poder de la Justicia para poder cuidar y proteger a sus hijos, a sus hijas. Cuando se hace justicia en estos delitos, cuando se contiene a estas madres en su protección a niñas y niños abusados sexualmente se les permite el inicio de un camino de recuperación y de esperanza para proyectarse hacia el futuro.

Es la búsqueda de todo ciudadano víctima de un delito que ha afectado su integridad física, emocional, psíquica o sexual. Es esa búsqueda de "la justicia como ideal y como un paradigma universal de la dignidad humana" (García Mercader, 2009). Por eso señala García Mercader la necesidad del "buen trato" a las víctimas del delito. Este *buen trato* estará dado en la consideración y respeto hacia la víctima en las prácticas judiciales, medicas, forenses. Es el recaudo mínimo de la llamada justicia restaurativa, aquella que restaura lo destrozado por la conducta delictiva.

La realidad actual dista de esta práctica del *buen trato* judicial, variados ejemplos se observan especialmente en delitos como el abuso sexual y el incesto que afectan a la niñez. Esperas angustiosas de niñas y niños para luego hacerlos declarar en calidad de testigos siendo víctimas del delito. Funcionarios judiciales que actúan sin consideración alguna a su estado de vulnerabilidad emocional y psíquico. Interrogatorios vejatorios a su dignidad humana, sin resguardo a las formas y espacios en que se realizan. Revictimizaciones producidas por la inoperancia y la soberbia del poder detentado.

Niñas y niños no pueden defenderse por sí mismos. No pueden reaccionar frente a preguntas insidiosas o que les provocan un llanto angustioso. No pueden resistirse cuando las/los obligan por la fuerza a ver a sus agresores. Sus lágrimas, sus negativas, sus gritos desesperados no bastan para estos operadores de la Justicia. Niñas y niños que no pueden cuestionar cuando no son creídos en sus relatos de abusos sexuales. Tampoco pueden defender a quién los defiende, ni a su madre, ni a la psicóloga en quien confiaron, ni a la jueza o el juez que les ha creído y los protege.

Ese *no poder* de una niña o un niño es el territorio que avasallan los farsantes y mercenarios del Derecho y la Justicia que convierten principios valiosos como el del "interés superior del niño" en un eslogan frente a sus actos represivos a derechos humanos de niñas y niños. Los dejan en la más absoluta y angustiosa soledad, aislados de su figura parental protectora, por sus constantes ataques a la misma y a toda buena persona adulta que les crea y quiera protegerlos.

Producen indignación estas conductas hipócritas, solapadas y crueles. Juezas, jueces, asesoras/es para defensa de niñas y niños, peritos forenses, abogadas/os que invocan y manosean principios de justicia valiosos para los derechos de la niñez en sus actuaciones judiciales. Ejecutores de la revictimización institucional de niñas, niños y madres protectoras en la Justicia. Mujeres y varones del mundo del Derecho y la Justicia represores de la integridad emocional y psíquica de estas víctimas del delito de abuso sexual o incesto. Indignación y escozor se siente también ante una ausencia de consecuencias institucionales para estos funcionarios de la Justicia maltratadores de la integridad física, emocional y psíquica de niñas y niños.

Creo que las conductas éticas en la Justicia, especialmente en cuanto al resguardo de los derechos de la niñez, deben ser marcadas dentro del sistema con dos tipos de actuaciones: el estímulo, la protección hacia conductas acordes al fin buscado y la sanción a quienes actúen contrariamente al mismo. Es la coherencia con los valores éticos promovidos. Si el sistema de justicia de una nación mediante los mecanismos institucionales apropiados da sanción adecuada a los jueces/as y demás funcionarios judiciales que en sus resoluciones o actos avasallan los derechos humanos de una niña o un niño en el proceso judicial, establece conductas ejemplificadoras. Si por el contrario no reacciona ante atropellos judiciales realizados por jueces o juezas y tampoco protege a quienes actúan comprometidamente con esos derechos, permite conductas corruptas y violatorias a derechos humanos de la niñez.

El sistema de justicia protege a niñas y niños preservando y protegiendo a los operadores de justicia que respetan sus derechos humanos y los hacen efectivos en sus vidas. Esa es la exigencia ética que impulsa la Convención Internacional sobre los Derechos del Niño. Conductas comprometidas, éticas y una indispensable capacitación.

5. Capacitación de los funcionarios de la Justicia-Estado

Las juezas y jueces somos funcionarios del Estado, representantes de la Justicia y servidores públicos de la ciudadanía. Como integrantes del Estado, estamos obligados a cumplir toda norma internacional que haya sido suscripta por la Nación a la cual pertenecemos y tenemos el deber de capacitarnos en los temas donde debemos actuar judicialmente. Estas obligaciones son mayores cuando se trata de Derechos de la Niñez frente a delitos como el abuso sexual en la infancia y el incesto.

La Corte Interamericana de Derechos Humanos en su Opinión Consultiva OC-17/2002 del 28 de agosto de 2002, (Rossetti y Álvarez, 2011) solicitada por la Comisión Interamericana de Derechos Humanos remarca la necesidad de capacitación en los operadores que actúen con niños. Dice la Corte:

> No basta con disponer protecciones y garantías judiciales si los operadores carecen de capacitación suficiente sobre lo que supone el interés superior del niño y consecuentemente sobre la protección efectiva de sus derechos.

En dicha Opinión Consultiva la Corte Interamericana de Derechos Humanos es categórica en la obligación que asume el Estado en tal sentido, expresando que:

> [...] para la atención de los niños el Estado debe valerse de instituciones que dispongan de personal adecuado, instalaciones suficientes, medios idóneos y experiencia probada en este género de tareas.

La Asamblea General de Naciones Unidas en su sesión del 29 de agosto de 2006 (Rossetti y Álvarez, 2011) sobre la promoción y protección de derechos del niño recomienda que debe aumentarse la capacidad de todos los que trabajan con y para los niños. Dice lo siguiente:

> Los Estados deberían invertir en programas sistemáticos de educación y capacitación para profesionales y no profesionales que trabajan con o para los niños y las familias a fin de prevenir, detectar y responder a la violencia contra los niños.

Todos los funcionarios judiciales deben ser concientizados de los efectos depredadores que producen en la vida de estas niñas y niños el abuso sexual y el incesto. De la necesidad de estas niñas y niños de ser creídos y protegidos. Saber que según lo sugerido por Janssen (1984) del abuso sexual en la infancia solo se ha tocado "la punta del iceberg". Recordar que el proceso judicial no está suspendido en el vacío sino que cumple una función social esencial: hacer justicia. Aquí, justicia para niñas y niños.

6. Derecho y Humano

La ciencia del Derecho, si solo es *academia* y *forma*, jamás podrá comprender la trágica realidad de la infancia silenciada por el delito de abuso sexual. Será una ciencia de libro y discurso. Será una ciencia de soberbios y teóricos, alejándose de su sentido humanístico, donde la mirada que estudia y observa es sensible, abierta y humilde. El *Derecho* para niñas y niños debe ser *Humano* para poder conformar una Justicia respetuosa de su integridad. La sensibilidad y la humildad son condiciones indispensables en las prácticas judiciales frente a niñas y niños. El Derecho será Derecho Humano efectivo para ellos cuando sean respetados, escuchados, creídos y bien tratados en la Justicia.

Niñas y niños son ciudadanos primordiales de una nación y del mundo, debieran ser privilegiados en el respeto a sus Derechos Humanos; en mayor medida cuando ya han sido violados sus derechos por delitos como el abuso sexual. La Justicia-Estado que los revictimiza atenta contra sus Derechos Humanos y debe responder por su conducta institucional violatoria de los mismos. En Argentina como en otros países suscriptores de la Convención Internacional sobre los Derechos del Niño los jueces/as somos responsables de los atropellos a derechos de niñas y niños en nuestras resoluciones y actuaciones judiciales. Respondemos ante el propio Estado Nacional y ante los Organismos Internacionales con competencia.

Existe además otra responsabilidad institucional de nosotros, juezas y jueces, frente a esa niña o niño, víctimas de incesto o abuso sexual, que considero de mayor trascendencia y no es visibilizada: nuestra responsabilidad moral por los efectos dañinos y destructivos de nuestras actuaciones judiciales en sus vidas. Debemos tener conciencia de que el abuso sexual en la infancia es la muerte de una infancia. Solo con justicia, que es reparación y sanción, se permite la recuperación y sanación frente a estos delitos.

El abuso sexual en la vida de esa niña o ese niño es una marca de dolor indecible en su proyecto de vida. En el abuso sexual en la infancia no hay olvido para sus víctimas y siempre pueden hacerlo visible con su palabra. Siempre.

Es la Justicia que restaura y protege a las víctimas la que les permitirá sanarse. Es el ámbito judicial donde se podrá restaurar, reparar en la vida de esas niñas o niños el daño ocasionado por sus agresores dándoles la oportunidad de intentar construir un proyecto de vida mejor.

Las conductas éticas dan coraje, impulsan cambios y marcan caminos en el tiempo. Humildad y humanidad, solo de eso necesitamos juezas, jueces, abogadas, abogados, peritos y demás funcionarios de la Justicia y el Derecho para producir esos cambios.

El sistema de justicia y el mundo académico de las ciencias jurídicas son el reflejo de las dificultades que tiene la sociedad para reconocer la existencia del abuso sexual infantil y el incesto. Es indispensable en nosotros juezas y jueces, abogadas/os, peritos forenses no solo profesionalidad específica y académica sino algo más importante aún: vocación, sentimientos nobles y empáticos, humanidad y ausencia de prejuicios. Debiéramos saber especialmente juezas y jueces que ese lugar de Poder que transitoriamente ocupamos nos inviste de un ropaje inexistente; que cuando ejercemos ese Poder con sensibilidad humana y virtud, le otorgamos su fuerza primigenia, aquella que produce cambios y le da su sentido. Ninguna esperanza habrá en la Justicia para niñas y niños si no actuamos en esa dirección.

SEGUNDA PARTE

Palabra de niñas y niños en la Justicia

Capítulo 3
El silencio de niñas y niños

No conozco a ningún filósofo, sociólogo o teólogo que haya explorado hasta el momento la cuestión de lo que un niño siente cuando es maltratado físicamente, ni tampoco los efectos de la represión de estos sentimientos en la vida del adulto y en todo el entramado social.

Alice Miller

1. La audiencia

Ariel[6] estaba sentado frente a mí, la jueza, en la Sala de Audiencias, sin hablar. Su hermoso rostro, muy próximo, guardaba una expresión estática, seria, concentrada y muda. Sus ojitos estaban fijos en los míos, sin decir palabra. Concentrada por mi parte en dilucidar sus significados, como en un flash vi en él la misma expresión de su madre, cuando en las audiencias aseveraba que su hijo había sido abusado sexualmente por su padre. Ella tenía la misma expresión en su rostro cuando reafirmaba su convicción en pocas palabras y ante la incredulidad de los que la escuchábamos. Por eso, en ese instante, en el gesto silencioso del niño lo comprendí todo, madre e hijo estaban unidos en un lazo común, fuerte e inquebrantable. En ese momento decido no continuar la audiencia. Tiempo después el mutismo de Ariel pudo hacerse palabras. Luego de más de diez entrevistas con su terapeuta particular pudo contar los hechos de abuso sexual y lo hizo a su modo. Ahí pude comprender en toda su dimensión cuál era el lazo que unía fuertemente al niño con su madre, aquel que protege frente al dolor. Ambos, madre e hijo estaban inmersos en el dolor y había un causante, el padre agresor.

Fue esa imagen, ese rostro de Ariel mirándome con intensidad en el silencio, que mucho más tarde convertiría en palabras, la fuente inspiradora para mis actos judiciales posteriores. Sentí la confusión,

6 Nombre de ficción para preservar la identidad del niño.

los miedos y el dolor de Ariel, vi la testarudez heroica de su joven madre. Ella, una muy joven mujer, en estado de extrema vulnerabilidad emocional y psíquica (con serios problemas de adicciones e intentos de suicidio), pudo proteger a su pequeño hijo, separarse de su padre agresor, denunciar el incesto y *hablar* cuando Ariel no pudo hacerlo por su corta edad. Su madre fue su voz, como sucede tantas veces; son las madres quienes denuncian el incesto porque son quienes primero detectan los cambios de conductas en sus hijas e hijos, las primeras que escuchan sin testigos sus relatos de los abusos. Las niñas y niños recurren en la mayoría de los casos a ellas cuando algo les duele. No todas los escuchan y les creen. La mamá de Ariel sí lo hizo. Por eso supe que mi responsabilidad como jueza era protegerlos a ambos, madre e hijo eran las víctimas vulnerables del incesto. Madre e hijo tenían un único sostén afectivo en otras dos mujeres, la abuela y la tía materna.

Mi resolución judicial posterior fue la suspensión de todo contacto del padre con Ariel. Dispuse una serie de medidas de protección para él y su madre dando participación en los cuidados de ambos a la abuela y a la tía materna, quienes eran sus figuras afectivas fundamentales para su contención.

Para llegar al camino de justicia para Ariel tuve que centrar mi mirada como jueza en él, creer su relato ante su terapeuta, revalorizar la conducta de su madre como figura afectiva protectora y descubrir la sombra que había atravesado todo el proceso judicial: el falso Síndrome de Alienación Parental[7]. Su ideología estuvo presente en las defensas del padre denunciado del incesto y en los dictámenes de la señora asesora de Menores[8]. Ambas miradas eran estigmatizantes hacia la madre de Ariel por su vulnerabilidad psicológica, mencionada anteriormente. Instalaban la sospecha sobre la madre y su denuncia del incesto. Comprendí que el niño no pudo relatar el incesto en un primer momento y lo hizo en sus tiempos, cuando pudo. Al haber focalizado mi atención en Ariel y su palabra pude ver lo demás; a partir de allí pude protegerlo. Aprendí también

7 Esa resolución judicial luego trascendió por ser la primera en Argentina que hablaba de este falso Síndrome de Alienación Parental - SAP. Diario Página/12, Mariana Carbajal (22 de abril de 2013): "Otra versión sobre la polémica de los abusos". Recuperado de: *http://www.pagina12.com.ar/diario/sociedad/3-218521-2013-04-22.html*

8 El asesor/a de Menores es un operador judicial creado por ley que debe intervenir en todo proceso judicial que afecte a un/a niño/a. En los Juzgados de Paz, letrados de la Provincia de Buenos Aires (Argentina) son designados por sorteo de una Lista Oficial del Juzgado.

que el silencio de un niño/a: habla. Que hay que darle tiempo nada más y que cuando puede hacerlo es indispensable creer su palabra.

2. Incesto. Un silencio impuesto

A partir de ese caso emblemático en mi carrera judicial comencé este camino de estudio y compromiso sobre los derechos humanos de niñas y niños frente al incesto en los procesos judiciales de familia y penales. Como sucede con todo tipo de abuso sexual en la infancia, la impunidad está promovida por el silencio de sus víctimas, un silencio promovido por los agresores. Ese silencio traumático de la niña o el niño que no pueden tener comprensión sobre la sexualidad, que confían y se entregan al adulto, que naturalmente callan pues su estado de vulnerabilidad es absoluto y porque el perverso instala en esa niña o niño miedo y culpa. El silencio es la impronta del incesto y el abuso sexual en la infancia y es impuesto por el perpetrador.

La impunidad es la regla en el incesto. Las agresiones sexuales a la infancia dentro de la familia son las formas de maltrato donde hay mayor cantidad de casos no denunciados debido a una "conspiración para el silencio". La incidencia real de las agresiones sexuales es desconocida. Se estima que menos de un 20% de los casos denuncia el episodio, el resto no lo hace por miedo a represalias, vergüenza, desconfianza en el servicio judicial, etc. (Poblete y Varas, 1994). La corta edad de muchas de sus víctimas es otro elemento para el silenciamiento porque cuando son criaturas pequeñas no tienen las herramientas comunicativas necesarias para contar lo sucedido o no reconocen la acción abusiva como tal (Haro Rodríguez y Ercoli Altamirano, 2009).

Según estudios en casos diagnósticos de abuso un 53% de niñas y niños hasta 15 años efectúan el relato, un 12% lo niegan y en un 35% de casos no hay relato[9] (Tarditti, 2009).

Conforman lo que en criminología se denomina la "cifra negra" del delito. Son crímenes que no llegan a la Administración de Justicia. Dice la profesora y doctora Marchiori (2006):

[9] Mirta Beatriz Miras Miartus en su trabajo "Abordaje Diagnóstico del Abuso Sexual Infantil" presentado en el I Congreso Internacional - IV Curso de Actualización "Víctimas de Delitos contra la integridad Sexual". Cita de Aída Tarditti (2009): *Delitos sexuales. Tensiones entre las garantías del imputado y derechos fundamentales de las víctimas*. Serie Victimología (6). Córdoba, Encuentro Grupo Editor.

> Muchas víctimas no hacen la denuncia porque el autor pertenece al mismo grupo familiar y la víctima se siente responsable de la desintegración de la familia por ejemplo en el caso de abuso deshonesto, del incesto, de la víctima que prefiere huir del hogar a denunciar a un miembro de su familia. El número de hechos delictivos no denunciados es altísimo. Es lo que constituye la cifra negra u oculta de la criminalidad, los delitos que no se conocen oficialmente... Se considera que muy probablemente se denuncia el 50% de los delitos que se cometen. Las estadísticas sobre la criminalidad ofrecen poca información sobre las víctimas.

El incesto es un delito de enorme impunidad, es un delito perverso en el cual el estado de vulnerabilidad de la víctima es absoluto y se perpetra sin testigos. El agresor es omnipotente frente a esa niña o ese niño. El incesto es la destrucción de una infancia sin testigos.

La única forma en que pueda quebrarse esta devastadora impunidad de agresores sexuales de niñas y niños amparados en sus roles parentales es en la Justicia. En estos delitos en los que el silencio y la culpa son impuestos por el agresor a sus víctimas, que el tiempo judicial debe ser para esas víctimas y todo parte de creerles cuando pueden relatar los abusos.

3. Abusos sexuales en la infancia y estadísticas

La Organización mundial de la Salud (OMS, 2006) en estudio sobre 21 países en el año 2006 (en su mayoría desarrollados) señala que entre el 7 y el 36% de las mujeres y entre el 3 y el 29% de los hombres dijo haber sido víctima de agresiones sexuales durante la infancia. La tasa de abusos sufridos por las niñas es de 1,5 a 3 veces mayor a la de los varones y la mayoría de los abusos suceden dentro del círculo familiar.

Un informe presentado en el mes de septiembre del año 2014 por el Fondo de Naciones Unidas para la Infancia (UNICEF, 2014) en Nueva York, el mayor estudio sobre violencia contra las niñas hasta la fecha, que incluye datos de 190 países, indica que niñas y niños con frecuencia sufren abusos en sus propias comunidades, casas y escuelas. Y revela lo siguiente:

> La violencia sexual es una de las formas dominantes de abuso infantil. Una de cada 10 niñas en todo el mundo ha

> sido alguna vez víctima de violencia sexual. Una de cada 10 chicas por debajo de los 20 años ha sufrido una violación u otra forma de abuso sexual... Una de cada 5 víctimas en todo el mundo tiene menos de 20 años. (Diario *Clarín*, 5 de septiembre de 2014).

Un estudio multipaís realizado por la OMS en el año 2008 donde se recogieron datos tanto de países desarrollados como de países en vías de desarrollo, mostró que entre el 1% y el 21% de las mujeres manifestaba haber sufrido abusos sexuales antes de los 15 años (Pincever, 2008).

En Argentina una investigación (Marchiori, Bandini, Domenino, Biodo, Magnini, 2000) realizada en Córdoba, basada en 121 víctimas niñas y niños de delitos sexuales y en la cual también se analizaron datos de 75 delincuentes sentenciados por delitos sexuales se obtuvieron conclusiones preocupantes sobre la victimización que sufren niñas y niños en cuanto al relato del delito. Se observó que solo 19 de los 75 delincuentes aceptaron y se responsabilizaron de los hechos delictivos. De las 121 víctimas 108 identificaron al autor del delito. Los datos obtenidos indicaron que todas las víctimas sufrieron violencia sexual tanto física como emocional. Se verificaron consecuencias físicas en 88 casos; 5 niños murieron por las lesiones sufridas por el abuso sexual. El lugar de victimización fue en numerosos casos la propia casa del autor y la víctima (relación de familia). Las víctimas sufrieron reiterados hechos de violencia (casos de incesto). La duración promedio de la agresión sexual en las víctimas niñas y niños implicó una victimización de 4 a 5 años promedio desde el inicio del abuso hasta el momento en que interviene la Justicia.

La doctora María Inés Bringiotti (Volnovich, 2008) señala que los abusadores sexuales totalmente desconocidos para su víctima solo alcanzan entre un 5% y un 15%. Citando el estudio de Devoe y Faller (1999) indica que en el 72% de los casos de niños y niñas entrevistados para la evaluación del abuso sexual, el abusador era algún pariente o miembro de la familia.

Del relevamiento de datos sobre prevalencia y características del abuso sexual en la infancia llevado a cabo a través del proyecto de investigación UBACYT-049, en el trienio 2008/2010, a estudiantes de universidades públicas y privadas de la ciudad de Buenos Aires, Argentina (Bringiotti y Raffo, 2010) surge que para un total de la población de 2.750 casos el abuso asciende al 9% del total (247 casos). De ese porcentaje un 11,9% son niñas y un 6,1% niños. La edad de inicio promedio del abuso es de 8 años, abarcativo de un rango de 2 a 19 años, y la edad promedio de finalización es de 9,8 años (desde los 3 a los 19 años). En cuanto a la frecuencia del abuso establece que se da una vez en el 42% de los casos; entre 2 y 4 veces en el 33%; entre 5 y 9 veces en el 13% y entre 10 y más veces en un 10% de los casos. En cuanto al lugar donde se produjo el abuso el citado estudio llega a estos resultados: en la propia casa un 26%, en la casa de los abuelos un 29% (no siendo los abuelos los abusadores en muchos casos sino otros parientes o conocidos), en la calle un 25% y en lugares de tránsito o estadía habitual un 20%. Con estos porcentajes su conclusión es que en un 55% de los casos el abuso sexual ocurre en lugares supuestamente protectores como la propia casa y/o la de los abuelos de la niña o niño. Resulta también interesante observar las respuestas que dan los estudiantes universitarios al preguntarles qué sentimientos les produjo la situación abusiva y las conclusiones de los expertos al respecto:

> Señalan vergüenza, 54%, miedo, 50%, angustia, 42%, negación del hecho 34%, enojo, 32%, odio, 29%, y otros sentimientos como asco, culpa, tristeza, 5%. El total supera el 100% ya que se trataba de respuestas múltiples, los encuestados manifestaban más de un sentimiento, con una media de 3, 2 sentimientos por entrevistado. El impacto del suceso, se ubica entre mucho y muchísimo en el 51% de los casos, medio, 29%, y poco o ninguno, 20%. No se observan diferencias respecto al mismo entre ambos sexos. En algunos casos –20– fue posible tener una breve entrevista a posteriori del encuentro, en la cual con mayores detalles se confirmó la información brindada cuantitativamente y pudo observarse en el relato la fuerte necesidad de ser escuchado, creído y comprendido. En los entrevistados de mayor edad, tanto hombres como mujeres aparece un comentario reiterado acerca del posible impacto que tal abuso, en general acompañado de malos tratos físicos y/o psicológicos, pudiera tener en el ejercicio del rol parental. Las conductas oscilaban entre una extrema supervisión de los hijos pensando que les pasaría lo mismo a una fuerte creencia en que 'eso no puede repetirse'. La presentación de los datos precedentes, tanto cuantitativos como cualitativos, nos está indicando claramente la fuerte prevalencia de este tipo de maltrato y de su impacto. Ello

> nos plantea como profesionales –de la educación, la salud, la justicia– la necesidad de urgentes cambios en el abordaje de los mismos así como en su posible prevención". (Bringiotti y Raffo, 2010).

Este estudio como todo otro realizado sobre el abuso sexual en la infancia concluye en los efectos traumáticos en las vidas de sus víctimas, en su necesidad de reparación y en el rol del Estado a través de sus instituciones en su manera de actuar. Todos los profesionales y expertos en el tema del abuso sexual en la infancia tanto en Argentina como en otras naciones del mundo cuestionan especialmente la actuación del Estado frente a este delito y con relación a sus víctimas. Como concluye este estudio citado: "Se visualiza claramente la necesidad de las víctimas de ser escuchadas y atendidas por el Estado –Nación y Provincias– a través de sus distintos organismos administrativos y judiciales.

No habrá recuperación para quienes han padecido en sus infancias abusos sexuales dentro o fuera de la familia si no han podido relatarlos, si pudieron hacerlo pero no fueron creídos, y peor aún si quien no les creyó, no los protegió ni condenó a sus agresores, fue la Justicia. Palabra y justicia son los dos caminos de recuperación para las víctimas de abusos sexuales en la infancia.

4. Incesto: lo familiar siniestro y sus cómplices

Dentro de los abusos sexuales en la infancia el incesto es el de efectos más traumáticos en la vida de la niña o niño por la relación afectiva familiar que une a la víctima con su agresor/a, por la asiduidad en que puede darse sin testigos. Terror, culpa, silencio definen lo que sienten la niña o el niño víctimas del incesto. El sentimiento de terror en el niño/a es evidenciado por la licenciada Bettina Calvi (2005) mediante la definición de Silvia Bleichmar: el sujeto *sabe* a qué le teme *pero no tiene posibilidad de instrumentar defensas ante lo temido.* Ese niño/a *sabe* lo que le espera pero no encuentra la manera de protegerse de ello. Por eso "desarrollará un estado de hipervigilancia que lo consume pero no lo protege". Lo familiar se torna repentinamente desconcertante, terrorífico, y emerge lo siniestro.

Ese niño/a tendrá dificultades para romper el silencio ante las amenazas del agresor/a, la relación familiar autor-niño/a víctima y las circunstancias particulares y culturales de ese niño/a y su familia.

El abuso suele darse en un contexto reiterado de violencia, otra de las razones que promueven el silencio.

Es una reiteración de hechos de maltrato, incesto, secuestro, amenazas, que deja inmerso a ese/a niño/a en un espacio de permanente y continua victimización. No suele ser un único hecho, son varios hechos reiterados y agravados lo que produce un mayor silencio y victimización de la niña o el niño (Marchiori, 2006).

Por eso el paso dado por el niño o la niña al "poder hablar" es esencial frente a un silencio que lo/la aprisiona y lo/la aísla de toda ayuda afectiva o terapéutica.

Diversas causales producen que gran cantidad de víctimas no puedan hacer el relato del abuso, lo nieguen o carezcan de la posibilidad de acceder a un profesional tratante que con su intervención produzca el relato verbal. Algunas de esas causales son las limitaciones en su lenguaje verbal por su corta edad, la confusión promovida por el abusador/a presentando hechos abusivos sexuales como parte de juegos y las restricciones comunicacionales instaladas en el seno familiar (Tarditti, 2009).

En muchos casos el niño/a no habla, el mutismo es su manera de expresar el trauma por el incesto. Cuando se da esa situación, el estado de vulnerabilidad de esa niña, de ese niño, es mayor. Los tiempos judiciales no contemplan los tiempos que un niño/a inmerso en su silencio necesita para poder hablar sobre el abuso. En el caso judicial cuya audiencia describo al inicio de este capítulo el niño pudo relatar los abusos sexuales de su padre luego de más de diez entrevistas con la profesional que lo atendía y para ello fue indispensable la resolución judicial que suspendía todo contacto con el agresor. Si a la víctima del incesto se la resguarda en su seguridad, se le da una oportunidad para poder relatar los hechos abusivos. Creo que en la Justicia existe un desconocimiento generalizado en sus operadores sobre los efectos traumáticos en la infancia y la salud futura de las víctimas del incesto paterno/materno-filial y que el tiempo procesal debiera ser para la niña o el niño, no para el "apuro" del padre/madre denunciado por incesto. Lo que necesitan esa niña o ese niño es *tiempo*. El sistema de justicia debiera ser facilitador de tiempo cuando existen este tipo de situaciones en las que la expresión de la niña o del niño es el mutismo. Los tiempos procesales judiciales no contemplan esta realidad.

La doctora Marchiori (2006) pone en evidencia otro drama de esa niña, de ese niño, cuando enfrentan el sistema de justicia:

> La situación de la víctima de abuso sexual infantil e incesto se agrava frente a la administración de justicia. Debe ir a lugares que desconoce y generalmente ignora sus derechos. Se descuida la trascendencia de la cooperación de la víctima –su denuncia, su testimonio, su creencia en la justicia– como elementos fundamentales para el esclarecimiento del delito, para el conocimiento y la sanción penal.

En estos delitos la negación del hecho por parte de los que debieran defender a la niña o al niño es la conducta más común, tanto desde su familia como de otros sujetos sociales vinculados al hecho (Volnovich, 2008).

Existen múltiples dificultades que complejizan y obstaculizan la visibilización de estos delitos: la imposibilidad de la niña o el niño de poder develar el abuso, la minimización u ocultamiento del relato por parte de las figuras parentales no abusivas, el rol de los profesionales de la salud que debieran saber actuar y ser comprometidos éticamente y la actuación de la Justicia como es su deber hacerlo: protegiendo a la niña o al niño.

Estos son los distintos estamentos que impiden esta visibilización y fomentan su impunidad.

5. Proteger y escuchar a la niña o al niño en forma eficaz

En la mayoría de los casos el agresor/a sabe que está cometiendo un delito y se valdrá todo lo que le sirva para no ser descubierto, haciendo uso de cualquier forma de chantaje, amenazas, culpabilización o manipulación psicológica de la niña o niño. Cuando la niña o el niño quiebran esa "ley de silencio" conmocionan el entramado perverso construido por el abusador sexual infantil (Poliakoff y Sanahuja, 2013). Por eso el abusador/a denunciado/a procurará todos los medios a su alcance para poder tener contacto con la niña o niño, lo que busca es su silencio y retractación. Cuando el abusador es el padre o madre activará judicialmente en los Tribunales de Familia y Penales la revinculación, la custodia unilateral o compartida, denunciará penalmente por impedimento de contacto a la madre o padre protectores. Hará uso de múltiples artimañas judiciales que le permitan volver a tener contacto y recuperar su poder sobre su víctima y así lograr impunidad. He observado todos estos años la variedad de estrategias que usan estos depredadores en sus roles parentales para presionar a niñas o niños que han relatado el abuso y a sus madres[10] protectoras que denunciaron el incesto. Desde esperar en las afueras del juzgado cuando saben que la niña o niño serán traídas/os por su madre a una audiencia o Cámara Gesell (para poder establecer contacto visual con su víctima), hasta acosar con presentaciones judiciales. Y de no lograr su objetivo –volver a contactar y dominar a su víctima–, se presentan los abuelos paternos a pedir regímenes comunicacionales[11]. Por eso las normas jurídicas que regulan institutos de Derecho de Familia como las revinculaciones, regímenes comunicacionales, cuidados y custodias de hijas e hijos frente a denuncias de delitos como el incesto deben contemplar expresamente estas realidades del proceso de familia donde hay delitos denunciados y sus víctimas son niñas y niños. La ambigüedad de los textos legales o la omisión de regulación ante la existencia de estos delitos dentro de la familia facilita el camino a las estrategias invasivas de estos/as perpetradores/as del incesto.

La impunidad del delincuente amparado en su rol parental está resguardada en el silencio de su víctima y si la niña o niño han relatado el abuso sexual activará el descrédito de su palabra y de todo adulto protector que valide la existencia del incesto. Por eso creer la palabra de las niñas y niños que relatan el abuso sexual es determinante para su protección y para el quiebre de la impunidad del agresor/a. Es primordial que se crea el relato de la víctima (Espeche, 2013). ¡Si se escuchara a niñas y niños y se tuviera en cuenta no solo si lo dicen en su palabra (al abuso) sino en sus gestos, sus dibujos, sus juegos! Porque la palabra del niño/a es juego, gestos, dibujos, como se verá más adelante. "[...] los libros de malos tratos deberían ser reescritos, y especialmente en referencia al abuso sexual" (Volnovich, 2008).

10 Excepcionalmente un padre denuncia el incesto de la madre. En mi experiencia judicial de veinte años no he tenido ningún caso judicial donde el incesto denunciado haya sido de la madre de la niña o niño, sin perjuicio de reconocer que pueda existir también el incesto materno-filial.

11 En mi experiencia los abuelos que han pedido regímenes comunicacionales para ver al nieto o nieta lo han hecho en contextos donde hubo denuncia de incesto paterno-filial y fueron abuelos paternos. Es casi un *modus operandi* usado por los agresores denunciados por incesto ante el fracaso de sus otras estrategias para volver a tener contacto con la niña o niño.

La Convención Internacional sobre los Derechos del Niño (CIDN) estatuye que los Estados que la suscriben adoptarán las medidas integrales (legislativas, administrativas, sociales, judiciales) para proteger a niñas y niños víctimas de malos tratos y delitos como el abuso sexual aun cuando están bajo la custodia de sus padres, representantes legales o persona que los tengan a su cargo (artículo 19, CIDN). Destaca la norma internacional el deber de protegerlos contra toda forma de explotación o abuso sexual. Y en su artículo 12 habla de escuchar al niño/a. Cumplir esta manda internacional parte de creerle cuando ha podido relatar los hechos abusivos.

6. Prácticas judiciales y palabra de los niños y niñas

Los tratados y convenciones internacionales de Derechos Humanos contemplan expresamente prácticas respetuosas y acordes con los derechos fundamentales de las víctimas, en especial de niñas y niños, posibilitando la escucha cuidadosa de su palabra, el resguardo de su integridad emocional y su protección frente al agresor.

Debe evitarse todo contacto entre la niña o el niño y el denunciado agresor. Desde el abordaje victimológico-asistencial es prioritario proteger a la niña/o aun ante la sospecha del abuso sexual, pues en la búsqueda del equilibrio entre esa protección y los pedidos de contacto por parte de sus agresores (en sus múltiples modalidades) el daño mayor será siempre para esa niña/o. Desde la Victimología se señala que no tiene sentido el tratamiento victimológico sin antes proteger a la niña/o de la continuidad del abuso, pues es preferible actuar ante la duda que omitir la protección, ya que si la niña/o contó algo o dio alguna señal y no es creída/o, callará para siempre, facilitando la acción del abusador/a, considerándose que el daño más grave de todos sería la continuidad del maltrato en un ambiente de impunidad (Tarditti, 2009).

Esa actuación jurisdiccional de protección a la niña/o víctima del incesto frente a su padre o madre denunciado/a, recae bajo la esfera de nuestra responsabilidad como juezas y jueces de Familia, cuando emergen las denuncias de incesto dentro de los procesos de divorcio, y en los conflictos de custodias y regímenes comunicacionales pedidos por estos padres, madres o sus parientes inmediatos. Es el acto judicial que debiera ser automático frente a la denuncia de incesto, la suspensión de todo contacto de la niña o el niño hasta la evaluación terapéutica y el avance de las instancias penales. Siempre frente a la sospecha de incesto este es el recaudo a tomar, aquí se hace realidad el "interés superior del niño" en el proceso y en la Justicia. El juez penal también está obligado como funcionario del Estado a resguardar la integridad física, psíquica y sexual de la niña o el niño; y a posibilitar la escucha a través de un circuito cerrado de filmación con todos los recaudos. Es necesaria la actuación de jueces penales que centren su mirada en la víctima ejerciendo la fiscalización de las actuaciones de los demás operadores judiciales (fiscales, defensores, asesores de menores) respetando su dignidad y no revictimizándola.

Debe hacerse operativa en el proceso civil o penal la aplicación de la Convención Internacional sobre los Derechos del Niño, hacer "eficaz" el procedimiento en protección de sus derechos para que ese niño/a pueda relatar lo padecido y cuando logra relatarlo sea creído/a, protegido/a permitiendo su recuperación terapéutica (artículos 19, 39 y conc. CIDN).

Siendo un delito cuya prueba esencial es el relato de su víctima, hacer eficaz esta protección del niño/a y escucha respetuosa de su palabra implica la apreciación judicial del valor probatorio de su relato y una interpretación de las demás constancias probatorias a la luz de ese relato. Esto es hacer efectivos en un proceso judicial civil o penal los artículos 3, 12 y 19 de la Convención Internacional sobre los Derechos del Niño. Es el reconocimiento de los derechos de la niña, del niño, es el imperativo impuesto por la Convención Internacional sobre los Derechos del Niño y se constituye en el respeto a su palabra y su valorización. Palabra de niño/a es juego, gestos, dibujos.

La evolución en el ámbito de los derechos humanos de niñas y niños compele a que los mecanismos judiciales sean cada vez más directos, claros en sus efectos. Memoria y reparación en el sistema de justicia para una niñez maltratada y abusada sexualmente. Resulta significativo leer en el libro de investigación sobre la violencia sexual en el marco del terrorismo de Estado *Grietas en el Silencio* (Aucia, Barrera, Berterame, Chiarotti, Paolini y Zurutuza, 2011) cuando las autoras hablan de la indispensable reparación en la vida de sus víctimas. Expresan que esa *"reparación"* tiene dos sentidos: uno institucional- formal a través de los mecanismos jurídicos y otro psicológico. Afirman la existencia de una íntima relación entre "memoria", "reparación" y el "ser creído". Describen el visceral dolor cuando ello no ocurre, cuando "hay una ausencia de otro que pueda escuchar la angustia de las propias memorias, y de esa manera afirmar y reconocer esa horrorosa realidad vivida". Cuando al escuchar no se cree el trauma vivido se da a la víctima el "golpe mortal". Una realidad traumática que viven niñas y niños abusados sexualmente, pues si no se produce esta indispensable reparación institucional que parte del escuchar y creerles tampoco se les permitirá el acceso a su recuperación terapéutica. Creer a las víctimas de estos delitos que destruyeron su integridad física, sexual y emocional en las instancias judiciales, es un acto de reconocimiento de su dignidad avasallada, es respeto a su dolor inconmensurable, es permitirles sanar y proyectarse hacia su futuro. Creerles es el primer y fundamental paso para poder hacer justicia en sus vidas.

Capítulo 4

La palabra de niñas y niños

1. Un relato del incesto

Quiere lavarse las manos y lo acompaño. Al regresar del baño, se sienta en un rincón, toma los dos muñecos de la caja y observándolos, pregunta si se les puede sacar la ropa a ambos (Barbie y muñeco varón) Intenta desvestir a la muñeca, luego me pregunta si se puede sacar la ropa del muñeco. Me explica las diferencias entre ambos... Su actitud cambia, habla más pausado, y su rostro toma un tono más serio. Se mantiene unos minutos, observando los muñecos e intentando desvestirlos y preguntándome acerca de cómo sacarles la ropa a ambos. Y dice: –¿Hablamos ahora?

Psicóloga: –Bueno, ¿de qué querés hablar?

T: –Mi papá me toco el culo.

Psicóloga: –¿Fue una palmadita, como dan a veces los padres?– (le hago el gesto sobre el muñeco).

T: –No.

Psicóloga: –¿Qué hizo?

T: –Me metió la mano adentro.

Psicóloga: –¿Por donde hacés caca?

T: –Sí.

Se pone a jugar con el reloj que está en el escritorio. Hablamos sobre este objeto y luego retomo, la actitud durante el diálogo es de vergüenza, y enojo en su mirada, con el mentón hacia abajo y una postura de introversión. Esta actitud general descripta no es habitual en T[12].

[12] Este diálogo es parte de la entrevista entre la terapeuta y el niño a quien atiende desde hace más de un mes y que se agregó como prueba al expediente. Se encuentra transcripto en resolución judicial del Juzgado de Paz de Villa Gesell del año 2012 en un proceso de familia donde la madre denuncia el incesto del padre.

2. El "lenguaje" de los niños y niñas

Dice Ivonne Bordelois acerca de la palabra de niñas y niños en el capítulo sobre infancia y lenguaje de su libro *La palabra amenazada* (2003) que nada es más injusto que el nombre *de in-fante,* que significa que el niño/a no puede o no sabe hablar. Expresa Bordelois que todos sabemos que en innúmeros casos es la frescura de una aproximación al lenguaje la que hace de niñas y niños maestros del habla. Niñas y niños cuestionan la lengua, irrumpen con la lógica de "cabo" contra el anómalo "quepo", adjetivan y redefinen de manera sorprendente los términos del diario vivir. Dice: "Una antología privada me permite coleccionar las frases célebres de los hijos y nietos de mis amigos que revelan incesantemente este don".

El niño o la niña no es un adulto en potencia, es en sí mismo/a una persona que merece el respeto debido a un ser humano receptivo del lenguaje, sensible (Dolto, 2008).

Para el niño o la niña todo es lenguaje y se puede establecer comunicación con él/ella, si se sabe comprenderlo/a y si existe respeto hacia su persona. Como expresa Dolto, niñas y niños aman cuando son amados y odian cuando son odiados afirmando que "el problema es que los adultos buscan dominar a los niños y no saben escucharlos" (Palladino, 2009).

Niñas y niños por su natural espontaneidad e inocencia hablan sin predeterminación, a destiempo en cualquier lugar según lo sienten. Y cuando no verbalizan sus sentimientos ante el temor, la angustia se expresa con sus gestos, porque sus rostros son transparentes en sus emociones (se sonrojan, se mueven en forma inquieta, cambian posturas en forma abrupta, desvían la mirada). No pueden sostener mentiras en el tiempo, eso es atributo del adulto. No conocen los artilugios gestuales de los adultos. Suelen decir aquello que no debía ser dicho en los ámbitos más inconvenientes para los adultos. Cuando hablan lo hacen con su natural frescura y suelen desnudar las verdades ocultas de las familias, desmantelan con su voz, sus gestos espontáneos, sus cambios abruptos de conducta, las estructuras familiares armadas para mantener a buen resguardo los *secretos.* De esto pueden dar testimonio maestras y demás adultos en contacto asiduo con niños.

Los adultos esconden en las estructuras familiares aquello que en verdad son y los niños develan esa realidad escondida con sus expresiones verbales y gestuales espontáneas, con sus dibujos. Por eso los padres que maltratan o abusan sexualmente de niñas y niños dentro del espacio familiar, se amparan en su rol parental y temen la incentivación a la credibilidad social de la palabra de la niñez. Los expone públicamente. Los varones y mujeres agresores y perversos necesitan que no se crea la palabra de niñas y niños para poder seguir con sus actos impunes. Necesitan que la sociedad sospeche de la veracidad de los relatos de abusos sexuales de niñas y niños y "compre" la idea de que son fantasías, que son producto de la influencia de un adulto, que son influenciables y repiten un relato "implantado" por un adulto (el/la que denunció el delito).

Existe también un interés poderoso representado por las mafias de la pornografía que se nutren de la explotación sexual de niñas, niños, adolescentes, jóvenes y mujeres. Necesitan de este silencio forzado y promovido de la palabra de la niñez. La motivación es perversa y el fin, silenciar a niñas y niños víctimas de traumas sexuales, propiciar la incredulidad de sus relatos para acallarlos y atacar a todo adulto protector. Padres/madres que maltratan y abusan sexualmente de sus hijas e hijos agazapados tras la idea social que coloca al adulto en su rol parental en un sitial de poder. Un imaginario social patriarcal que sigue considerando a niñas y niños como seres humanos inferiores, "tontos" (aunque no se atrevan a verbalizarlo), manipulables porque son *inocentes*. La paradoja está en que la inocencia tiene como carácter primordial la espontaneidad y la verdad. El inocente no miente *porque no sabe mentir y la niña, el niño, es el ser humano inocente.* La mentira y sus formas elaboradas de ocultar secretos son atributo de estos agresores sexuales. Los complots, los artilugios al relatar, la artimaña, son herramientas para la mentira que usa el adulto, no una niña o un niño. Dice María Cecilia López (2010): "si bien los niños pueden mentir, no son capaces de sostener sus mentiras con argumentos sólidos y su relato suele estar teñido por su mundo emocional: se ponen colorados, transpiran, esquivan la mirada, sudan, se ponen nerviosos, tartamudean".

Es la niña/o una víctima vulnerable, inocente, indefensa, sin herramientas físicas, emocionales, psicológicas para su defensa y quien generalmente no puede o no sabe pedir ayuda y cuando relata los hechos abusivos la está pidiendo, debe ser escuchada/o, creída/o porque no miente. Debe ser protegida/o de su abusador/a.

3. La credibilidad del relato del abuso sexual de niñas y niños

La dicotomía entre datos conocidos de la criminalidad y su "cifra negra" (los datos no conocidos), ha conducido a la formación de una serie de mitos vinculados a la criminalidad, a los comportamientos violentos, mitos sobre el autor; mitos sobre la relación autor-víctima y sobre el comportamiento y la relación de la víctima." [...] uno de estos mitos es que los niños crean, inventan historias sobre abuso sexual [...] los niños no inventan historias. Dicen lo que les ha sucedido" (Marchiori, 2006).

La credibilidad del relato del niño/a es esencial para su recuperación emocional y social. Hace a su dignidad, al respeto de su persona, la comprensión de su padecimiento y la posibilidad de tratamiento como sobreviviente de un hecho traumático (Marchiori, 2006).

Dice María Cecilia López (2010):

> Cuando el niño se anima a contar lo que le han hecho, nunca hay que desestimar su relato… hay que tener en cuenta que un niño pequeño suele contar aquello que le sucedió de una manera muy simple ya que no puede expresarse como un adulto que sabe y es consciente de la sexualidad y de lo que significa un abuso.

Es necesario, indispensable para el niño/a que se crea su relato (Intebi, 2011). Para poder "hablar" sobre el abuso sexual ha debido atravesar un angustioso proceso interno ante lo desconocido –lo sexual– causado por aquel a quien él ama, o en quien confía. Al no creer su relato de abuso sexual se lo deja solo/a, se lo/la entrega nuevamente al abusador, compeliéndolo/a al silencio y a la retractación (tendencia natural de niños y niñas víctimas de estos delitos). Una niña, un niño, es capaz de desdecir cualquier afirmación que haya hecho sobre abuso sexual. Evidencia Irene Intebi (1998):

> En ese momento crítico, los niños necesitan el apoyo de personal especializado y de un ambiente contenedor para no flaquear y poder sostener lo que han relatado. Ellos perciben que el mundo adulto prefiere mirar para otro lado. Si lo que se produce es la retractación, las madres suspiran aliviadas: ya no tendrán que tomar las decisiones drásticas que tanto pánico les producían. Los acusados sonríen, perdonando las tonterías que se dijeron de ellos. Y todos coinciden en que

habrá que tomar algún tipo de medidas para encausar a una personita tan descarriada.

No creer lo que el niño/a relata tiene el efecto de una puerta que se cierra sobre su existencia y lo aplasta en toda posibilidad de pedido de ayuda y recuperación del trauma. El niño/a víctima de delito de abuso sexual *debe* ser protegido/a por la Justicia, resguardada su seguridad emocional y física por sobre todo otro interés: ese es el interés superior del niño establecido en la CIDN. Es la única posibilidad para detener la situación abusiva: proteger su integridad; y la intervención debe ser inmediata. Si esto no sucede llevará a esa niña, a ese niño, a resignarse a la situación y a sobrevivir (Intebi, 2011).

La doctora Gloria Sacroisky (2002), integrante del Comité de Familia y Salud Mental de la Sociedad Argentina de Pediatría, expresa la dificultad en los diagnósticos del abuso sexual en la infancia, destacando la importancia del relato del niño/a, y la sospecha de la madre:

> El diagnóstico no es nada fácil y como suele pasar desapercibido durante mucho tiempo deja marcas emocionales, que cuanto más antiguas, más difícil son de tratar. La confirmación diagnóstica es difícil y se basa en el relato del niño, sus juegos, la historia clínica y los exámenes complementarios. Sin embargo, pocas son las veces que se encuentran signos físicos de certeza como los relacionados con enfermedades venéreas, desgarros en zona genital o embarazo. La sospecha llega al consultorio por la demanda familiar (en general la madre).

Creer no es "comprobar", como sucede en la realidad traumática de estos niños/as durante la mayoría de los procesos penales en los que funcionarios judiciales requieren una recopilación de otras pruebas para la validación del delito, o que aun con ese recaudo se los/las somete a un maltrato institucional con interrogatorios ante adultos sin resguardo de su integridad emocional y a largas y angustiosas esperas en lugares inhóspitos. Funcionarios judiciales que "trabajan" para los imputados del abuso aun contrariamente al sentido de su función y se instalan en la sospecha hacia el relato del niño/a y, cuando de incesto se trata, de la figura parental protectora y denunciante del delito.

Desenmascarar al impostor demanda un gran esfuerzo "revelador de un universo con apariencias banales, que esconde sus traumas en carne viva con la realidad que sufren los niños y los adolescentes que relatan haber sido objeto de abuso sexual y a los cuales nadie cree dada la idoneidad del ofensor"[13].

El niño/a no miente. La verdad siempre está en su mirada, su palabra y sus gestos, que nos guían hacia esa verdad.

4. "Oír al niño/a". Discursos y realidades en Tribunales

En los ámbitos judiciales hay un constante discurso sobre el deber de escuchar a niñas y niños. El problema es que se cree y pretende que llevando al niño/a a Tribunales ante la presencia del juez/a se cumple la obligación legal y el respeto a sus derechos. Como si funcionarios/as judiciales formados en leyes y doctrinas jurídicas estuviéramos preparados para comprender en un solo acto los gestos y modos expresivos de un niño/a víctima de incesto, abuso sexual o maltrato. Juezas y jueces podemos tener las más nobles intenciones, pero no estamos capacitados para comprender el trauma y la manera en que pueda ser manifestado por el niño/a. Debemos partir con humildad de esta verdad: no estamos preparados para comprender el lenguaje y conductas de niñas y niños. No es la ciencia del Derecho la que da las herramientas para comprender los modos expresivos de la niñez y menos aún frente a los traumas sexuales que ha padecido. A esta realidad simple y palpable se suma otra, que ya no es producto la de ignorancia y buena fe. La existencia en el sistema de justicia de muchos funcionarios/as-burócratas, ideológicamente patriarcales, inmersos en su soberbia e ignorancia u otros, funcionarios perversos. Estos funcionarios judiciales, caracterizados por su carencia de empatía humana, son quienes producen en el sistema de justicia la revictimización de niñas y niños ante denuncias de incesto y abuso sexual. Es su símbolo esa imagen, que he visto alguna vez, de una niña llorando a los pies del estrado del juez.

Niñas y niños son llevados a los fríos despachos judiciales con la idea que en ese solo acto se cumpla la obligación legal de escucharlos, de hacerlos partícipes del proceso que los afecta, con la

13 Giorgio Agambem (2001) citado por Jorge Volnovich y Nicolás Fariña en su libro *Infancia, subjetividad y violencia*. Buenos Aires, 2010, Ed. Lumen.

pretensión de que en una o a lo sumo tres entrevistas en una oficina o en Cámara Gesell con peritos psicólogos/as el niño/a hablará. Si su reacción es el mutismo, su silencio será generalmente interpretado a favor del denunciado/a del incesto. Y si aun en esas condiciones pudo hacerlo, pudo relatar los hechos de abusos sexuales, se sospechará de su palabra y no se le creerá.

Así también sucede con algunos profesionales de la Psicología que actúan en su rol de peritos forenses cuyos dictámenes debieran guiar hacia la protección de niñas y niños víctimas de abusos sexuales y maltratos y resultan ser un compendio de ideología patriarcal y de descrédito de la palabra del niño/a. Estas psicólogas y psicólogos actúan en la Justicia partiendo del descrédito hacia niñas y niños que relatan el incesto, el abuso sexual. No lo verbalizan expresamente pero lo evidencian en sus peritajes. Desacreditan el relato del abuso sexual del niño/a diciendo que es producto de la inducción de un adulto, usando términos como "implantado" para focalizar inmediatamente su sospecha en la figura parental protectora y denunciante del delito (la madre en la mayoría de los casos). Profesionales de la salud que evidencian una falta de ética notable. Frente a hechos aberrantes que una niña/o les puede relatar prefieren el camino de la evasión en la sospecha de su palabra y de la palabra de quien la/lo protegió y denunció el delito. Es el mito popular hacia la niñez: "le han llenado la cabeza". Otros/as profesionales en su ignorancia tendenciosa sospechan de esa niña, de ese niño, porque sus reacciones emocionales no son las esperadas conforme a los parámetros del adulto. Porque no llora, no grita mientras cuenta los hechos aberrantes que el abusador/a le hacía padecer. Que estas apreciaciones las podamos hacer los legos en el tema es justificable, ahora bien, que una/un profesional de la Psicología que es perito judicial incurra en ellas es indignante. Personas que ocupan lugares dentro del sistema de justicia y que con sus prejuicios personales y su ignorancia ideológica desacreditan una ciencia como la psicología para ser cómplices con sus informes periciales de los perversos/as. Facilitadores de la impunidad judicial del abuso sexual en la infancia.

En el ámbito penal existen también fiscales que actúan con poca empatía hacia las víctimas de estos delitos, carecen de sensibilidad para tratar a niñas y niños, evidencian ausencia de interés en comprender su trauma. Funcionarios de la justicia penal que están más preocupados en no afectar el derecho de defensa de los imputados del delito, temerosos de las presiones de los abogados defensores de los mismos, que del estado de vulnerabilidad de sus víctimas. Fiscales que solo buscan "certezas" en la prueba del delito donde la única certeza debiera ser el relato de sus víctimas: niñas y niños.

No existe en estas personas que ocupan un rol en el sistema de justicia una mirada sobre el niño/a. No hay contemplación ni resguardo de su integridad emocional o psíquica. Y en la escala de responsabilidades, juezas y jueces estamos en primer lugar. Algunas resoluciones y actuaciones judiciales penales y civiles demuestran cómo es posible destrozar una infancia desde la Justicia por la actuación de sus funcionarios (jueces/as, peritos psicólogas/os, fiscales, asesores/as de Menores). La existencia de estos funcionarios de la Justicia soberbios, ideológicamente patriarcales y algunos perversos, producen un resultado: un sistema de justicia que revictimiza institucionalmente a niñas y niños, generando la impunidad de sus agresores.

Frente a la desazón que produce este maltrato institucional a la niñez y a sus protectores/as existe en el mundo un enorme y valioso movimiento para lograr cambiar estos parámetros en la Justicia, promoviendo hacer efectivos en ella los derechos humanos de niñas y niños. Es la ciclópea tarea de otros muchos profesionales del Derecho, la Psicología, la Psiquiatría y de otras ciencias humanísticas que pretende cambios en la construcción de una Justicia para niñas y niños.

Como ya se ha mencionado, en el año 2005 Naciones Unidas, contemplando la situación de niñas y niños cuando son víctimas de delitos en la Justicia, elaboró las *Directrices sobre la justicia en asuntos concernientes a los niños que son víctimas y testigos de delitos*. En estas Directrices se destaca la necesidad de capacitación en todo profesional que actúe frente a un niño/a que es víctima de un delito y que la misma debe incluir principios de Derechos Humanos y éticos de su función (ONU, 2005).

Afirmar que los niños/as tienen derecho a participar en juicios y procedimientos que los afecten, no puede entenderse sino como el otorgamiento a estas personas de las herramientas necesarias para hacer valer sus derechos en los distintos ámbitos institucionales que de algún modo los involucren (Miller, 2009). Es preciso destacar que "escuchar a un niño/a" no es solo un acto físico de disponibilidad auditiva, sino la ampliación de nuestras percepciones y nuestra observación sobre esa niña o ese niño. Mirar con empatía y minuciosidad. Nosotros, jueces/zas, tenemos una enorme responsabilidad frente a esa niña o ese niño, por eso es indispensable que aprendamos de otras disciplinas para comprender su lenguaje, sus variadas formas de expresión, y así poder *efectivamente* protegerlos.

Escuchar es muchas veces cambiar nuestra postura física, ponernos a su altura, hablarles en un susurro, abrazarlos, darles tiempo para su respuesta, estar en silencio frente a ellos hasta que puedan confiar en nosotros. Múltiples maneras, gestos, formas en las que nuestra intención receptiva hacia esa niña o ese niño pueda producir algún tipo de respuesta de su parte, donde su silencio también será escuchado y podremos saber algo de lo que vive y siente. Recuerdo una audiencia en la que debía escuchar a una niña de 7 años cuyo padre pedía la revinculación[14]. Al preguntarle su opinión frente a la posibilidad de volver a ver a su padre, me miró con sus enormes ojos llenos de lágrimas balbuceando su negativa. Frente a su llanto solo atiné a abrazarla y decirle "yo te voy a proteger". Ella me "habló" con su angustia y yo la escuché con mi abrazo y con mis decisiones judiciales posteriores al protegerla respetando su opinión. Jueces y juezas no somos "robots de la ley". Pareciera que la Justicia muchas veces fuera una maquinaria de seres humanos carentes de espontaneidad, de sentimientos, repetidores de leyes y doctrinas alejados de las realidades humanas complejas, dramáticas, que vienen en busca de ayuda, contención, reparación. Como si ser buen juez/a fuera ser un personaje de poder, carente de sentimientos, soberbio en su investidura. Creo que se hace realidad en nosotros, jueces/zas, aquel cuento de infancia en el cual fue un niño quien vio la desnudez del emperador. Niñas y niños ven nuestra humanidad no nuestras "togas". Niñas y niños necesitan de nosotros/as una recepción amorosa, respetuosa de su dignidad en cada oportunidad en que debamos actuar. Contemplar qué siente ese niño/a, desvelarnos para llegar hacia ese territorio, porque allí, vendrá a nosotros la verdad. Como con tanta sensibilidad describe María Cecilia López (2010): "así son los niños/as; sobre todo los más pequeños, los que aún no saben leer ni escribir, los que aún no saben de leyes, los que

[14] Era un proceso en el cual antes habían intervenido jueces de otras jurisdicciones por los cambios de domicilio de la madre y la niña y había antecedentes de violencia y maltrato del padre hacia ambas.

no han logrado desarrollar un pensamiento abstracto que permite a los adultos justificar lo injustificable y anteponer distancias infinitas entre la mente y el corazón".

Los niños/as *sienten* la empatía y la sensibilidad hacia ellos. Por eso creo que *escuchar,* a una niña o un niño es para nosotros, jueces/zas, un compromiso que se asume en la observación sensible y minuciosa de todas las constancias judiciales que nos ayuden a comprender lo que esa niña, ese niño, siente. Quizás podamos en nuestro actuar, sin pretenderlo, ser para ese niño/a ese "testigo cómplice" que describe Alice Miller (2009) así:

> En mi opinión, un 'testigo cómplice' es una persona que apoya a un niño maltratado (aunque sea solo ocasionalmente) ofreciéndole un sostén, un contrapeso para la crueldad y el horror que determinan su día a día... Este testigo es una persona que hace llegar al niño maltratado o abandonado algo de comprensión e incluso amor... Gracias a este testigo, que no tiene por qué ser consciente de su papel decisivo y redentor, el niño aprende que en este mundo existe algo llamado amor. En el mejor de los casos logra desarrollar un sentimiento de confianza hacia el prójimo y aprende a respetar el amor, la bondad y otros valores de la vida.

Valoricemos las conductas que nacen de la humildad, la capacidad de aprender, la observación amorosa del niño/a constituyéndolo en el centro neurálgico de nuestro actuar sea cual fuere el rol que ocupemos en la Justicia.

5. Amor y Humanidad en la Justicia y el Derecho

Así como no hay historia sin hombre sino desde los hombres, así tampoco hay derecho sin humanidad, sin la mirada sensible a la persona humana como tampoco hay Justicia sin Amor. Porque el Derecho sin Humanidad, la Justicia sin Amor, pierden su razón de ser, su sentido. Cuando el Derecho en su realidad cotidiana se torna mecanicista, formal, ajeno a esa realidad humana expuesta en el proceso judicial, sin un compromiso humano, sin sentimientos, termina produciendo aunque no lo busque, actos crueles (crueldad: inhumanidad, impiedad, según el Diccionario de la Real Academia Española). Y cuando un acto judicial afecta a un niño/a esto es determinante. Ese niño/a necesita el reconocimiento de su individualidad, el sentirse mirado/a y escuchado/a. El acto de escuchar nace de nuestra capacidad de interés y apertura empática al sentir del otro, a saber de ese otro. No es posible escuchar sin respeto. Muchos funcionarios judiciales lamentablemente actúan sin respeto a niñas y niños. Cuestionan su dignidad humana con sus maltratos, su desconfianza a sus relatos y su desconsideración, recibiéndoles en lugares no preparados para ellos/as. Se aprovechan de su absoluta vulnerabilidad. Operadores de la Justicia que hacen llorar a una niña o un niño con sus preguntas insidiosas o crueles. Y frente a ello una ausencia de frenos institucionales a sus atropellos.

Escuchar la palabra de un niño/a abusado/a sexualmente, maltratado/a, es poner nuestras percepciones sensitivas en él/ella. Si el niño/a pudo relatar el hecho abusivo porque fue valorizado y protegido como persona, cuando sea adulto/a sentirá que la Justicia respetó su niñez. De eso se trata, de ir construyendo un camino de credibilidad en la Justicia para las generaciones futuras. Cada niña, cada niño, que se supo escuchado/a, que se sintió protegido/a y respetado/a en un proceso judicial, que vio la sanción sobre aquel que lo/la agredió con violencia o abuso sexual será un futuro adulto que creerá en la Justicia. Y en cada una de esas niñas y niños daremos un paso más de esperanza hacia un futuro de credibilidad social en la Justicia.

El error siempre podrá darse, hace a la factibilidad humana, pero lo que no puede soslayarse es el compromiso responsable de todos los que integramos el sistema de justicia, especialmente nosotros, jueces/zas, en cada resolución o actuación que afecte una infancia.

Privilegiar a los niños/as, escucharlos con respeto, actuar con firmeza indeclinable cuando se los avasalla, denunciando y dictando toda resolución que sea necesaria; ese es nuestro deber en la Justicia, cada uno en su espacio institucional. El punto de partida para tratar con niñas y niños es: **creerles**.

Capítulo 5

Palabra del niño/a, protección e "interés superior del niño"

1. Justicia para niñas y niños

Vengo de uno de los ámbitos de la Administración de Justicia generador de la tragedia en la vida de niñas y niños víctimas de violencia de género o incesto, la Justicia de Familia. Un sistema de justicia que en sus prácticas actuales resulta facilitador de actos represivos hacia la voluntad e integridad de niñas y niños y sus madres cuando denuncian violencia de género o incesto en los procesos judiciales vinculados (divorcios, regímenes comunicacionales, alimentos o cuidados personales de los hijos/as de la pareja).

La Justicia de Familia actualmente –tanto en Argentina como en otras naciones en el mundo– tiende a sospechar de estas mujeres que denuncian delitos contra sus ex parejas, presume en favor de los varones en su rol paternal y menosprecia la opinión y palabra de niñas y niños. Hay una generalizada actitud de cuestionamiento por parte de los funcionarios judiciales de la Justicia de Familia hacia estas mujeres denunciantes y una ausencia de mirada hacia niñas y niños.

La Justicia de Familia está siendo, en sus prácticas mayoritarias actuales, complaciente hacia los perpetradores de violencia de género, maltratos y abuso sexual a niñas y niños. Una justicia que reprime a las víctimas: niñas, niños y mujeres. Circula paralelamente en este sistema de justicia de Familia un movimiento de profesionales del Derecho que se nutren económicamente de estas angustiosas y dramáticas realidades humanas. Abogados/as que generalmente eligen como sus "clientes" a quienes disponen en estas situaciones de los ingresos económicos: los agresores en su rol paternal. Esto constituye un submundo promotor de acosos judiciales a niñas, niños y mujeres ejerciendo su rol protector maternal. La paradoja es que se enmascara en una invocación reiterativa y constante del principio-eje de la Convención Internacional sobre los Derechos del Niño: "el interés superior del niño". Un principio creado para proteger los derechos humanos de niñas y niños en la Justicia es usado para atropellarlos impunemente. Lo invocan repetidamente tanto abogados/as como funcionarios de la Justicia para concretarlo en actos represores de derechos humanos de víctimas de delitos dentro de la familia: niñas y niños, siempre.

La esencia de la tragedia de niñas y niños víctimas de incesto y violencias en la Justicia de Familia no reside en que no tengan abogado[15], sino en que no se permita a sus madres cuidarlos y protegerlos de su padre agresor. Allí radica la tragedia en la cual la invocación del principio del "el interés superior del niño" será el arma para destruir a la niña/o nuevamente (el delito de incesto y la violencia de género ya lo hizo antes). Permitiendo a las madres protectoras cuidar a hijas e hijos, dándoles el andamiaje defensivo para hacer efectivo ese cuidado protector se evitará la revictimización de esas niñas y niños. Debe dejar de discriminarse en la Justicia de Familia a las madres que se separan de hombres violentos y/o abusadores para protegerse y proteger, madres que les han creído a sus hijos/as cuando han relatado el abuso y optan por ellos/as protegiéndolos/as. Hay que sacarlas del banquillo de la sospecha. Por ellas, pero fundamentalmente por esas niñas y niños que buscan cuidar. Hay que proteger con respeto a esas madres porque el sentido es el resguardo a través de ellas de la seguridad e integridad física, emocional y sexual de la niña o niño frente al varón violento o abusador sexual amparado en su rol de padre. Cuando denuncian el incesto estas mujeres valientes deben ser contenidas especialmente; no solo se han separado del abusador sexual de sus hijos/as, sino que son excepción. La mayoría de las madres prefiere no ver y no creer el incesto, es más fácil.

La revinculación en los casos de incesto es contraria al principio de "el interés superior del niño" que invocan, es abusar de un principio valioso para los derechos humanos de la niñez concretándolo en un acto de atropello a la integridad del niño/a y escondiendo otras intenciones: obligar al niño/a a tener contacto con el padre denunciado de incesto, porque se le cree al padre y no al niño/a.

15 Realizo esta aclaración frente a la promoción de la figura legal del "abogado del niño" en Argentina planteada como solución aislada de un enfoque en las otras realidades ideológicas patriarcales de la Justicia de Familia.

Los jueces/zas de Familia[16] somos **jueces/zas para niñas y niños**, jueces con prioridad hacia la niña, el niño, frente al conflicto familiar. La denuncia de incesto y violencia de género o familiar no son *conflictos emocionales* que se solucionan con placebos (como las mediaciones familiares), como se pretende en la práctica judicial, son *delitos* y sus víctimas siempre niñas y niños. Juezas y jueces de *Familia* seguimos siendo de y para Niñas y Niños. Debemos ser los primeros abogados-defensores del Niño/a cuando se denuncian delitos que los tienen por sus víctimas. Primero niñas y niños, su integridad física y psicológica, luego los demás. Si hay denuncia de incesto o violencia de género la suspensión de todo acercamiento o contacto del agresor con la niña o el niño debe ser nuestro primer acto jurisdiccional. Ese es el *interés superior del niño.*

2. Infancia maltratada

En este mundo actual donde las estadísticas nos rigen –porque lo que no se ve, no se toca, ni se cuenta, pareciera que no existe– resulta importante evidenciar algunas de ellas la realidad global de los maltratos y abusos sexuales a niñas y niños. Asimismo, es relevante observar en estos datos estadísticos cómo un espacio que debiera ser para su cuidado, la familia, puede ser su centro de torturas y de muerte.

De acuerdo con la Organización Mundial de la Salud, para el año 2002, alrededor de 53.000 niñas y niños murieron en todo el mundo como consecuencia de homicidios. Entre el 80 y el 98% de niñas y niños del mundo sufren castigos corporales muy graves aplicados con utensilios. Cada año entre 133 y 275 millones de niñas y niños en todo el mundo son testigos de violencia doméstica con sus serias consecuencias, y 8 millones de niñas y niños, a nivel mundial, viven en centros de acogida (Pinheiro, 2006).

En una reciente investigación de Unicef, *Ocultos a plena luz (2014)*, el mayor estudio sobre violencia contra la infancia realizado con datos de 190 países, (UNICEF, 2014) se señalan las siguientes conclusiones:

[16] Los jueces de Paz Letrados en la Provincia de Buenos Aires en Argentina somos jueces de Familia.

> Alrededor de 120 millones de niñas menores de 20 años en todo el mundo (alrededor de 1 de cada 10) han experimentado relaciones sexuales por la fuerza u otros actos sexuales forzados, y 1 de cada 3 niñas adolescentes de 15 a 19 años que estuvieron alguna vez casadas (84 millones) ha sido víctima de violencia emocional, física o sexual por parte del esposo o compañero... Homicidio: una quinta parte de las víctimas de homicidio en todo el mundo son niños y adolescentes menores de 20 años, lo que representó cerca de 95.000 muertes en 2012. Entre los países de Europa Occidental y América del Norte, la tasa más alta de homicidio se produce en los Estados Unidos. Disciplina violenta: alrededor de un 17% de los niños de 58 países están sujetos a formas graves de castigo físico (golpes en la cabeza, las orejas o la cara o golpes duros y repetidos)... A escala mundial, 3 de cada 10 adultos creen que el castigo físico es necesario para criar bien a los niños. Actitudes hacia la violencia: cerca de la mitad de todas las adolescentes de 15 a 19 años (alrededor de 126 millones) creen que está justificado que un marido golpee a su esposa en determinadas circunstancias... Datos de 30 países sugieren que alrededor de 7 de cada 10 niñas de 15 a 19 años que han sido víctimas de abuso físico y/o sexual nunca han buscado ayuda: muchas dijeron que no pensaban que se tratara de maltrato o no lo consideraban un problema... UNICEF señala seis estrategias para facilitar que la sociedad en su conjunto, desde las familias hasta los gobiernos, evite y reduzca la violencia contra los niños. Entre ellas cabe mencionar apoyar a los padres y dotar a los niños de aptitudes para la vida; cambiar las actitudes; fortalecer los sistemas y servicios judiciales, penales y sociales; y generar pruebas y toma de conciencia sobre la violencia y sus costos humanos y socioeconómicos, a fin de cambiar las actitudes y las normas.

La violencia, los abusos sexuales, son una realidad social que afecta a la niñez en el mundo. Y el ámbito de los mayores atropellos a su integridad es aquel que debiera cuidar de ellos: la familia. La Convención Internacional sobre los Derechos del Niño y sus principios por lo tanto deben ser interpretados inmersos en esa realidad de maltratos y abusos dentro de las familias hacia sus niñas y niños. Señala Pinheiro (2007) que la violencia sexual hacia niñas y niños dentro de la familia se ampara en la cultura del silencio donde no pueden hablar del abuso sexual que han sufrido y la mayoría no lo cuenta por temor ante las amenazas del agresor, vergüenza o porque piensan que no les van a creer.

El niño/a es el centro, el norte y el fin de todas las normas, procesos judiciales y actuaciones que la/lo afecten. "El interés superior del niño" es un interés infantocéntrico en el cual ante el conflicto con el interés de los adultos, padre, sociedad o Estado siempre prima el niño/a. Pareciera tan simple y transparente el principio y sin embargo, como he expresado anteriormente, se lo manipula de tal manera que se invoca para realizar lo opuesto a su sentido. Se lo declama reiterativamente en toda actuación judicial, en toda reforma legislativa pero en su aplicación judicial la niñez es silenciada, desprotegida, revictimizada, invisibilizada, menospreciada frente al adulto cuestionado, denunciado de delitos contra ella. Sucede que niñas y niños son y han sido concebidos por la sociedad adulta como sus inferiores. Rige la idea de que el adulto sabe qué es lo mejor para niñas y niños, quienes solo deben acatar porque "no entienden que eso es mejor". Paradojas de las intervenciones judiciales que dicen hacerlo respetando el principio, pero lo hacen de modo declamativo, sin hacerlo efectivo en la vida de esa niña o ese niño. Esta es la razón por la cual se observa en muchas actuaciones judiciales situaciones de maltrato, desconsideración a la integridad física, emocional, psíquica de niñas y niños en la Justicia de Familia. Deben abandonarse viejas presunciones y reconocer que niñas y niños son *capaces*, que pueden pronunciarse incluso sobre los "estados del alma" (Aguilar Cavallo, 2008). Como señala Miguel Cillero Bruñol (1997): "Ser niño no es ser 'menos adulto'[...] La infancia y la adolescencia son formas de ser persona y tienen igual valor que cualquier otra etapa de la vida".

La Corte Interamericana de Derechos Humanos afirma que el interés superior del niño es un principio fundamentado en la dignidad del ser humano. En el documento elaborado por el Comité de los Derechos del Niño OGNº14 (año 2013) cuando se refiere a la preservación del entorno familiar y mantenimiento de relaciones parentales marca un límite: "Familia es la que da cuidado, protección y seguridad a los niños" (Alegre, Hernández, Roger, 2014).

Los Derechos Humanos protegen a la persona humana contra todo acto arbitrario que afecte su integridad física, sexual, psicológica, su identidad como ser libre. Niñas y niños son quienes más vulnerables resultan a estos actos arbitrarios de la Justicia. No estamos hablando de aquello que *nosotros/as pensamos que le conviene a la niña, al niño* de lo que *el juez/a cree que es lo mejor para esa niña o niño*, sino que nos referimos expresamente a *Derechos Humanos de la Niñez en la Justicia.*

La Children Act de 1989, (Aguilar Cavallo, 2008), señala que en los casos relacionados con la crianza de niñas y niños, el juez/a tomará en consideración:

> a) los deseos y sentimientos ciertos del niño respectivo (considerado a la luz de su edad y de entendimiento); b) sus necesidades físicas, emocionales y educacionales; c) el efecto probable en él de cualquier cambio en sus circunstancias; d) su edad, sexo, personalidad, y cualquier característica de él que el juez considere relevante; e) cualquier daño que el niño ha sufrido o que está en riesgo de sufrir.

El avance está dado en la protección de los derechos humanos de niñas y niños reconociendo que lo prioritario es su protección cuando hay situaciones de maltrato o abuso dentro de ese ámbito familiar.

Es indispensable una evolución en nuestro rol de juezas y jueces con intervención en los conflictos de divorcio y familia con relación a los derechos de niñas y niños en esa familia. Se debe evolucionar y modificar el esquema paternalista/autoritario cuya figura es el juez/a "buen padre de familia" (Cillero Bruñol, 1999). No es esto lo que propone la Convención Internacional sobre los Derechos del Niño cuando se refiere a la aplicación del principio de el interés superior del niño, sino que instala un principio que garantiza la vigencia de todos los demás derechos consagrados en ella. Nuestra autoridad de juezas y jueces está limitada por esos derechos. "El ejercicio de la autoridad, cualquiera sea su naturaleza jurídica, se orienta y limita por los derechos que el ordenamiento jurídico le reconoce al niño" (Cillero Bruñol, 1999). No puede por lo tanto escindirse este principio del respeto a la dignidad de niñas y niños, a la credibilidad de su palabra, al registro empático de sus sentimientos, al cuidado de su persona.

3. El Interés Superior del Niño en la Convención Internacional sobre los Derechos del Niño

La Convención Internacional sobre los Derechos del Niño en su artículo 3 expresa que el interés superior del niño implica "asegurar al niño la protección y cuidado que sean necesarios para su bienestar". Y también destaca en su artículo 9 que "el interés superior del niño" es jerárquicamente prevalente a la necesidad de contacto paterno-filial, determinando como una de sus causales el maltrato a niñas y niños. Así lo expresa la CIDN:

> **Artículo 9**: **1.** Los Estados Partes velarán por que el niño no sea separado de sus padres contra la voluntad de estos, excepto cuando, a reserva de revisión judicial, las autoridades competentes determinen, de conformidad con la ley y los procedimientos aplicables, que tal separación es necesaria en el interés superior del niño. Tal determinación puede ser necesaria en casos particulares, por ejemplo, en los casos en que el niño sea objeto de maltrato o descuido por parte de sus padres o cuando estos viven separados y debe adoptarse una decisión acerca del lugar de residencia del niño. (...) **3.** Los Estados Partes respetarán el derecho del niño que esté separado de uno o de ambos padres a mantener relaciones personales y contacto directo con ambos padres de modo regular, salvo si ello es contrario al interés superior del niño.

De este modo la CIDN determina la prioridad de este principio por sobre el contacto con los padres especificando como una de las causales el maltrato a esa niña o niño por parte de esos padres. Esto cobra especial relevancia cuando hay una denuncia de abuso sexual de una niña o un niño, la manera más cruel y devastadora de maltrato a la infancia y la adolescencia, situación por otra parte específicamente contemplada por la CIDN en sus artículos 19 y 34. Dice en su parte pertinente el artículo 19 de la CDN en su inciso 1:

> **Artículo 19**: **1.** Los Estados Partes adoptarán todas las medidas legislativas, administrativas, sociales y educativas apropiadas para proteger al niño contra toda forma de perjuicio o abuso físico o mental, descuido o trato negligente, malos tratos o explotación, incluido el abuso sexual, mientras el niño se encuentre bajo la custodia de los padres, de un representante legal o de cualquier otra persona que lo tenga a su cargo.

Y el mismo artículo además de resaltar la necesidad de la protección de la niña/o víctima de abuso sexual, entre otras formas de maltrato, en su inciso 2 precisa sus alcances de la siguiente forma:

> **Artículo 19**: **2.** Esas medidas de protección deberían comprender, según corresponda, procedimientos eficaces para

> el establecimiento de programas sociales con objeto de proporcionar la asistencia necesaria al niño y a quienes cuidan de él, así como para otras formas de prevención y para la identificación, notificación, remisión a una institución, investigación, tratamiento y observación ulterior de los casos antes descritos de malos tratos al niño y, según corresponda, la intervención judicial.

Destaco este concepto que exige la CIDN: "procedimientos eficaces". El origen etimológico de la palabra *efecto* viene del latín *effectus*, aquello producido por una causa (Gómez de Silva, 1998). La eficacia significa que "sirve para un fin buscado, conduce a lograrlo, lo que le da plenitud, no lo entorpece, no lo falsea ni se desvía" (Bidart Campos, 1999). Los derechos humanos tienen que ser efectivos "cualquiera sea el hontanar que se les reconozca fuera o por encima del derecho positivo; es en este consenso que el derecho internacional de los derechos humanos hace presencia" (Bidart Campos, 1999).

Los Tribunales de Justicia, el Estado-juez/a debemos cumplir y aplicar los Tratados y Convenciones sobre Derechos Humanos; la Convención Internacional sobre los Derechos del Niño es antes que nada una norma internacional de Derechos Humanos de niñas y niños en la sociedad y en la familia.

En el artículo 34 de la CDN vuelve a remarcarse la necesidad de protección del niño víctima de abuso sexual expresando:

> **Artículo 34**: Los Estados Partes se comprometen a proteger al niño contra todas las formas de explotación y abuso sexuales. Con este fin, los Estados Partes tomarán, en particular, todas las medidas de carácter nacional, bilateral y multilateral que sean necesarias para impedir: a) La incitación o la coacción para que un niño se dedique a cualquier actividad sexual ilegal; b) La explotación del niño en la prostitución u otras prácticas sexuales ilegales; c) La explotación del niño en espectáculos o materiales pornográficos.

Cuando hay una denuncia de abuso sexual infantil, constituye el "interés superior del niño" el resguardo y la recuperación de su integridad física, sexual y psicológica dañada; cuidar de esa niña, ese niño, respetando su dignidad humana vulnerada.

Asimismo la CIDN es clara en el otro deber del juez/a como funcionario/a del Estado: debemos disponer todas las medidas para que esa niña/o acceda a tratamientos terapéuticos o médicos que necesite en su calidad de víctima de delito. Esto está contemplado expresamente en el artículo 39 de la CIDN, el cual expresa:

> **Artículo 39**: Los Estados Partes adoptarán todas las medidas apropiadas para promover la recuperación física y psicológica y la reintegración social de todo niño víctima de: cualquier forma de abandono, explotación o abuso; tortura u otra forma de tratos o penas crueles, inhumanos o degradantes; o conflictos armados. Esa recuperación y reintegración se llevarán a cabo en un ambiente que fomente la salud, el respeto de sí mismo y la dignidad del niño.

4. El respeto a la dignidad de niñas y niños

En las *Directrices sobre la justicia para los niños víctimas y testigos de delitos* establecidas por la Oficina Internacional de los Derechos del Niño (2005) se destaca el respeto a la dignidad de niñas y niños como seres humanos valiosos y únicos. Se afirma que toda niña/o debe ser protegida/o de todo tipo de abuso físico, psicológico, mental o emocional y que cuando una niña/o es víctima, está en riesgo, debiendo evitarse el contacto directo con los presuntos delincuentes durante el proceso de justicia.

Es la dignidad humana de la niña/o a proteger, a respetar y a hacer efectiva en el proceso judicial que le atañe y afecta como ser humano vulnerable y valioso. La cualidad central del ser humano es precisamente la *dignidad*, por lo cual debemos elevar a principio general este derecho a la dignidad de la niñez. No es un derecho, es el fundamento y origen de todos sus derechos. Como principio de Derecho Humano es condición, índole, calidad de la persona que expresa toda su valía, porque cuando nos referimos a *dignidad* hablamos de respeto hacia el otro como fin y no como medio (Ghersi, 2014). Los derechos humanos hacen a la *dignidad humana*. Entre los campos en los que se verifica por parte del Estado la dignidad está en el *trato digno* (Ghersi, 2014). La niña/o que no es escuchada/o, que es revictimizada/o en el proceso judicial, citada/o innumerables veces a declarar, mal tratada/o en sus esperas y entrevistas periciales, en audiencias con operadores judiciales que menosprecian su palabra, que la/lo manipulan e interrogan inquisidoramente está siendo afectada/o en sus derechos humanos por el Estado a través de esos funcionarios/as de la Justicia de Familia.

Juezas y jueces de Familia somos miembros del Estado, estamos obligados a proteger y cuidar la integridad física, emocional, psíquica de niñas y niños en los procesos judiciales en los que actuamos, a darles un trato considerado y respetuoso. Debemos ser sus principales defensores, disponiendo todas las medidas tendientes a cuidarlos y protegerlos en su seguridad cuando son víctimas de delito de abuso sexual o violencia.

La integridad de niñas y niños, el respeto a su dignidad, son el *interés superior del niño* que juezas y jueces debemos hacer *efectivo* en cada una de nuestras decisiones y actos judiciales. Porque: "Reparar el daño no es posible porque el daño ya ha sido tanto que es irreparable, pero la justicia, aunque llegue tarde, serena el espíritu" (Aucia, Barrera, Berterame, Chiarotti, Paolini, Zurutuza, 2011). Comencemos hoy en este camino, esas niñas y esos niños necesitan que hagamos justicia en sus vidas, en sus infancias.

TERCERA PARTE

Violencia de género e incesto en la Justicia de Familia

Capítulo 6
Causales de la separación y divorcio traumáticas

En todos los grandes burladores encontramos una característica a la que deben su PODER. En el momento en que engañan a los demás los embarga una profunda Fe en sí mismos. Y esto es lo que atrae en forma milagrosa e irresistible a quienes lo rodean.

Nietzsche

1. Violencias en la familia

Todo ser humano nace con derecho a la vida, a la libertad, a su bienestar; estos son derechos inherentes a su condición humana y a su dignidad, superiores a todo otro derecho. El Estado, la sociedad los reconoce, los consagra en sus normas fundamentales. La Declaración Universal de los Derechos Humanos[17] dice en su considerando primero "la libertad, la justicia y la paz en el mundo tienen por base el reconocimiento de la dignidad intrínseca y de los derechos iguales e inalienables de todos los miembros de la familia humana".

La realidad de este siglo XXI en las relaciones humanas en las familias[18] está atravesada por la violencia en todas sus modalidades (el incesto paterno-filial es una de las violencias extremas) y desde este contexto social se dan los conflictos familiares por los hijos/as, las separaciones y divorcios de las parejas. El mundo se sigue rigiendo por la concepción de varón-patriarca con poder indiscutible dentro de la familia.

En el último estudio hecho conjuntamente por la Organización Mundial de la salud (OMS), la Escuela de Higiene y Medicina Tropical de Londres y el Consejo de Investigaciones Médicas, basado

17 Adoptada y proclamada por la Resolución 217 A (III) de la Asamblea General de las Naciones Unidas el 10 de diciembre de 1948.

18 Nota de la autora: el concepto de familia es abarcativo de todo grupo familiar diverso.

en los datos de más de 80 países se ha determinado que 1 de cada 3 mujeres mayores de 15 años ha sufrido algún tipo de violencia por parte de su pareja (marido, amante, novio, ex marido, ex novio, etc.) y determina que "un 38% de los asesinatos de mujeres que se producen en el mundo son cometidos por su pareja" (OMS, 2014).

Estos datos son coincidentes con los informados por Naciones Unidas en el mismo año, 2014. La Alta Comisionada de Naciones Unidas para los Derechos Humanos, Navi Pillay, denunció el 4 de marzo de 2014 alrededor de 5.000 asesinatos de mujeres cometidos cada año "en nombre de la protección del 'honor' de la familia" afirmando que 1 de cada 3 mujeres "es golpeada, violada o víctima de otro tipo de abusos durante su vida y estas violencias son cometidas la mayoría de las veces en el seno de la familia" (Diario *Clarín*, 2014).

En un anterior informe global realizado por la OMS en el año 2013 se cuestionaba severamente al sistema legal y judicial mundial evidenciando que la violencia es la principal causa de muerte para mujeres entre 15 y 44 años de edad, más que el cáncer, los accidentes de tránsito y la malaria.

En el año 2010 la Organización Panamericana de la Salud (OPS), por su parte, había indicado que el 45% al 60% de los homicidios contra mujeres se realizan dentro de la casa y que en su mayoría son cometidos por sus cónyuges, expresando asimismo que los intentos de suicidio son 12 veces más frecuentes entre mujeres que han sufrido violencia, que las que no la han tenido.

Los estudios mundiales también evidencian a niñas y niños afectados por la violencia en la familia. El informe presentado en el mes de septiembre del año 2014 por el Fondo de Naciones Unidas para la Infancia (UNICEF) en Nueva York –el mayor estudio sobre violencia contra las niñas hasta la fecha, que incluye datos de 190 países– indica que con frecuencia sufren abusos en sus propias comunidades, casas y escuelas. Y revela:

> Solo en el año 2012, unos 95.000 niños fueron asesinados. El homicidio es la principal causa de muerte de niños entre 10 y 19 años en Panamá, Venezuela, El Salvador, Trinidad y Tobago, Brasil, Guatemala y Colombia. Y entre los países de América del Norte y Europa, Estados Unidos tiene la tasa más alta de homicidios infantiles. El 80% de los niños experimentaron en sus hogares cierta forma de violencia tanto física como psicológica. El castigo corporal prevalece en las

> casas. El 30% de los adultos en todo el mundo sostiene que el castigo físico es 'necesario' para criar a los niños.

Estas estadísticas muestran descarnadamente una realidad de violencias y abuso sexual hacia mujeres, niñas, niños y adolescentes, figurando el hogar como el ámbito propicio para estos delitos. Por lo tanto al estudiar y legislar sobre separaciones y divorcios, custodias, alimentos, y sus efectos con relación a sus integrantes, debe indispensablemente tomarse en consideración estos datos que reflejan una realidad de violencia en los contextos familiares, cuyas víctimas son mujeres y niños/as, y los agresores los varones en su rol parental. El abuso sexual en la infancia y el incesto es la violencia más solapada y traumática.

2. Violencia de género y divorcio

La violencia del varón hacia la mujer en las parejas es la causal de la mayoría de las separaciones y divorcios conflictivos promovidos por las mujeres. La psiquiatra española Consuelo Barea Payueta (2012) comparte la investigación encargada en Australia por el Commonwealth Attorney General's Departament en el año 2009, que dice:

> Tal como hablaban los hombres encuestados, para ellos la violencia no era algo tan apremiante como para las mujeres, no había sido la causa primera de su separación, mientras para las mujeres sí había sido. La mayoría de las mujeres (65%), dijeron que la violencia en la familia fue la principal razón para la separación, mientras que la mayoría de los hombres la vieron como la tercera causa más importante para la separación... Los tipos de violencia de los hombres agresores, descritos por sus ex mujeres fueron: física, sexual, emocional, psicológica, verbal, social (aislamiento de la víctima) económica y de control opresivo de muchos aspectos de sus vidas.

Entre las mujeres que sufren violencia de sus parejas y deciden separarse o divorciarse de los agresores y tienen hijos/as suele encontrarse como una de sus motivaciones más fuertes la protección de esos hijos/as. Aquello que tantas veces no pueden ver para sí mismas lo visualizan en el sufrimiento que observan en sus hijos/as; siendo también y como contracara, una de las razones primordiales por las cuales regresan con el agresor. En su informe del año 2005 la OMS se pregunta: "¿Por qué regresan las mujeres?" y en sus conclusiones evidencia cuál es una de sus motivaciones mayores:

> Se observaron grandes diferencias entre entornos en cuanto a los motivos que dieron las mujeres para regresar a casa con una pareja que las había maltratado. A menudo, las mujeres afirmaron que habían vuelto porque no podían dejar a sus hijos, o "por el bien de la familia".

La peor pesadilla de las mujeres maltratadas se centra en la amenaza recurrente de sus parejas violentas de sacarle la custodia, el cuidado personal de sus hijos/as. Un miedo que las paraliza en acciones de defensa. La licenciada Ana Chiavarini (2002) en su análisis de la violencia familiar se pregunta:

> ¿Cuáles son los temores que tiene frente a los hijos?: Uno de los más fuertes se refiere a que el compañero o marido cumpla con la amenaza de quitárselos.

En mis inicios como abogada y en el transcurso de estos más de treinta años en el Derecho la consulta que casi toda mujer hace antes o durante la separación o divorcio de su ex pareja es: "¿Me puede sacar los hijos/as?". En su orden de prioridades angustiosas primero está ese miedo, ese terror, y naturalmente los varones lo saben. Por eso en la mayoría de los divorcios las parejas acuerdan que niñas y niños vivan con su madre sin perjuicio de establecer comunicación fluida y constante con su padre. Esto es lo que deciden y acompañan varones no violentos ni pedófilos en situaciones de separación o divorcio. Más aun, cuando hay conflicto y es la mujer la parte conflictiva, se observa la tendencia de este tipo de varón a no alejar a los hijos/as de su madre aun a costa de su personal resignación. En estas situaciones de desavenencias y conflicto es donde sí ayudan mediaciones judiciales en las que, con el acompañamiento de la Justicia y sus distintos operadores, se buscará equilibrar la situación. Por el contrario, si en la pareja la motivación está en antecedentes de violencia de género o incesto paterno–filial, no puede haber mediación judicial de ninguna forma y es en esos casos donde los varones cuestionarán que los hijos/as vivan con su madre en toda forma y promoverán toda incidencia que les permita alterar la relación y convivencia de niñas y niños con sus madres.

Atacan en los hijos/as a sus ex mujeres por haberse separado de ellos y por haber denunciado los delitos. Por eso la violencia que padecieron estas mujeres en el transcurso de su convivencia se traslada a Tribunales de Familia en los divorcios, custodias, comunicación con hijos, alimentos. Los varones violentos maltratadores, ante el pedido de separación o divorcio de las mujeres que fueron su pareja, reaccionan en su parte vulnerable, donde saben les duele: sus hijos/as. Lo que no han podido conseguir y doblegar en estas mujeres que han podido salir de su círculo violento lo buscan a través de niñas y niños, hijos/as de la pareja. Es la reacción y contraofensiva de estos hombres para volver a recuperar su poder y su control sobre esa mujer por medio de los hijos/as. Son los hijos/as el puente para seguir con sus violencias o abusos sexuales. Y comparten una característica que los identifica: no tienen escrúpulos con el estado emocional de los hijos/as. Por eso en los medios de comunicación y redes sociales suelen ser quienes más exponen a sus hijos al evidenciar públicamente sus conflictos judiciales, subiendo incluso fotos de los niños/as; por el contrario, sus víctimas no hablan ni aparecen públicamente. Varones maltratadores o pedófilos que lloran, se victimizan de mil formas, "actúan" para películas que los defienden y la opinión pública les cree, en sus personajes de padres "maltratados" por la Justicia, sin siquiera preguntarse qué sucede con la otra parte (mujer y niños/as) y su silencio.

Alejarse de su pareja maltratadora o abusiva es una decisión traumática para la mujer, producto de un proceso angustiante y que generalmente le ha llevado mucho tiempo, impulsado por su intención de proteger a los hijos/as. Su denuncia del delito es su acto de enorme coraje porque es también la puerta para el riesgo de una violencia mayor por parte del agresor; aun de muerte tanto para ella y/o los hijos. El varón violento o pedófilo amenazado por la separación y la denuncia la atacará con todos los medios que tenga a su alcance y muy especialmente en relación con los hijos/as.

Según los valores mínimos y máximos para distintos grupos de sociedades elaborado por la OMS (2005) a nivel mundial, entre el 10% y el 69% de las mujeres adultas en todos los continentes han sufrido violencia física y/o sexual, o ambas combinadas, alguna vez en sus vidas; y que entre 100 y 2.000 millones de niñas/os anualmente presencian violencia entre sus progenitores/cuidadores de manera frecuente. Los estudios estadísticos mundiales evidencian que la mayoría de los feminicidios son cometidos por sus (ex) parejas masculinas (Hasanbegovic, 2013).

Cada día miles de mujeres son asesinadas por sus ex parejas. Feminicidios posteriores a la separación o divorcio y asesinatos de hijas e hijos a manos de varones maltratadores se dan en el mismo contexto. Varios estudios han demostrado que el estatus de la relación o estado civil es un factor de riesgo, siendo las mujeres separadas o divorciadas y luego las que conviven las que presentan mayores riesgos que las casadas o novias (OMS, 2005). En un estudio australiano citado por Consuelo Barea (2012), se observa que la violencia ha persistido luego de la separación y muchas veces se intensificó. Las encuestadas informaron sufrir violencia física, sexual, emocional, acosos, hostigamientos y amenazas a su seguridad y la de sus hijos/as. Muchas de ellas evidenciaron tener miedo del agresor por las constantes amenazas y actos violentos y por la falta de protección de sus hijos/as cuando debían estar solos/as con el padre. Niñas y niños hijos de la pareja siempre son víctimas de la violencia de género. Los hijos/as de esa pareja donde existe violencia del varón hacia la mujer siempre estarán *expuestos*:

> Tendemos a la denominación de 'expuestos' pues los niños pueden no estar observando directamente el abuso pero pueden estar oyendo en un rincón, en su cuarto intentando dormir, ver al día siguiente las marcas de la violencia o experimentar un ambiente extraño en el relacionamiento con los padres... Estar "expuesto" puede simplemente significar vivir en una casa caracterizada por la violencia (Sani, 2015).

Juezas y jueces por lo tanto debemos estar atentos a visualizar en las separaciones o divorcios, en los pedidos de revinculaciones o cuidados personales compartidos, en el otorgamiento de alimentos, en los regímenes comunicacionales entre padres e hijos/as los antecedentes de violencia de género. Estará siempre presente un riesgo a la integridad física y emocional de una niña o niño.

3. Violencia de género e incesto

Existe un vínculo que relaciona la violencia de género y el incesto paterno-filial y debe ser contemplado en el estudio de estas problemáticas. Son varios los estudiosos en el tema de los abusos sexuales y la violencia de género que han evidenciado esta relación.

La experta estadounidense Ann-Hooper (1994) lo evidencia así:

> Los patrones de la violencia tienden a reflejar y reforzar las relaciones de poder existentes, y el abuso sexual infantil no es una excepción. Los hombres tienen más probabilidades de ser los abusadores y las chicas más que los varones de ser abusadas sexualmente. El incesto padre-hija no es una desviación solamente aberrante sino una expresión de las relaciones de poder normales de género y edad en las familias de una sociedad patriarcal, si bien en una forma extrema.

Kathleen C. Faller (Volnovich, 2008) cita los datos emergentes del estudio llevado a cabo por la Association of Family and Conciliation Courts Research Unit en el año 1990, donde de 9.000 casos examinados de disputas por la tenencia o cuidado de los hijos/as solo el 1, 9% (169 casos) incluyó acusaciones de abuso sexual. Faller hizo sus propias investigaciones sobre el tema y contempla cinco causas probables para que el incesto emerja luego de la separación o divorcio:

> Las razones para la revelación después que el matrimonio se termina parecen ser varias. El niño/a puede sentirse lo suficientemente seguro/a en ese momento como para revelar el abuso sexual que ha venido sucediendo, porque el perpetrador ya no puede castigarlo/a por su revelación (Berliner, 1988). Segundo, si la habilidad del ofensor para prevenir la revelación está basada en la manipulación de su relación con el niño/a, su ausencia luego del divorcio puede atenuar su capacidad para manipular. Tercero, el niño/a puede haber guardado el secreto a fin de mantener la familia unida; después de que el matrimonio se rompe, se desvanece la motivación para sostener el secreto. Cuarto, la madre puede haber evitado consciente o inconscientemente detenerse a observar cierto comportamiento que estaba presente durante el matrimonio; pero, al disolverse este, puede o desea considerar las implicancias de estas observaciones. Quinto, la madre puede haber estado al tanto del abuso sexual durante el matrimonio, pero tenía miedo de hacerlo saber, o eligió tolerarlo, porque de esa unión obtenía otros beneficios. En nuestra investigación una cuarta parte de los casos entraron en esta categoría (Faller y DeVoe, 1995). En las dos terceras partes de estos casos, fueron los/las niños/as que nos plantearon el tema del abuso sexual, y en una tercera parte lo hicieron los cuidadores.

Por su parte Carol Ann Hooper (1994) considera tres razones para que este delito emerja en los divorcios:

> En primer lugar el descubrimiento del abuso sexual infantil a menudo da como resultado la separación o divorcio. Segundo, los niños son más vulnerables al abuso sexual en el contexto de la separación o el divorcio, tanto por parte de sus padres como de otros hombres. Tercero son más capaces de hablar de un abuso pasado cuando el padre abusivo se ha ido, a causa de su mayor seguridad propia y de la disminución de la dependencia y la confianza de la madre en él. Lo que hasta ahora es la investigación más general sobre alegaciones de abuso sexual en el contexto de disputas por la custodia y el acceso no encontró evidencias de que fuera más probable demostrarlas falsas en este que en cualquier otro contexto (Thoennes y Tjaden, 1990). Muchas alegaciones quedan sin sustanciarse, pero esto no es lo mismo que decir que son falsas. El mito, sin embargo, demuestra que las madres enfrentan un dilema similar al de los asistentes sociales: fueron culpadas en el pasado por no tomar medidas, y ahora corren el riesgo de que se las culpe si lo hacen.

Tanto Faller como Hooper como así también Lundy Bancroft (2016) son coincidentes en cuanto a que el alejamiento de estas mujeres del agresor permite las circunstancias propicias para que las niñas y niños cuenten y relaten los hechos abusivos siendo natural que sea en las separaciones o divorcios donde sea denunciado el incesto por las madres. Citando estudios realizados en Estados Unidos, Bancroft evidencia que el establecimiento de la sensación de seguridad, es un primer e indispensable paso para cualquier proceso de curación emocional de un trauma (Bancroft, 2015). Beatriz Müller y María Cecilia López (2013) describen los estragos que causa en las vidas de estas mujeres el descubrimiento del incesto primero y luego su alegación en los procesos de divorcio "dado que muy pronto pasan de ser víctimas a ser consideradas las principales sospechosas de estar confabulando un maquiavélico plan para obtener un rédito económico, sobre todo, cuando el abusador es de una clase social alta".

Por eso frente a una denuncia de incesto en un proceso judicial de Familia nuestra primera medida como jueces/zas es la suspensión de todo contacto entre la niña o el niño y el padre/madre denunciados. Es la única manera de preservar el estado de vulnerabilidad de una de las partes –la niña o el niño– alejándola/lo del posible abusador sexual y darle la oportunidad de poder relatar los hechos abusivos. Esto lo saben bien estos agresores perversos y por eso son tan acuciantes judicialmente en sus pedidos de contacto con la niña o niño. Dominando otra vez a su víctima la callarán o la llevarán a la retractación. Como en tantas otras cuestiones jurídicas del Derecho de Familia la ciencia y sus estadísticas acompañan en sus fundamentos el sentido común. Todo otro argumento justificativo de revinculaciones frente a denuncias de incesto tiene por lo tanto un sustrato ideológico. Ni las estadísticas, ni los estudios de expertos en el tema del abuso sexual en la infancia avalan tales actos jurisdiccionales de atropello a niñas y niños víctimas de incesto.

4. El inicio del calvario judicial

La conducta de estas mujeres que *pueden* separarse de sus parejas violentas o incestuosas denunciando en las instancias jurisdiccionales los delitos, está motivada en la natural creencia y confianza que tiene todo ciudadano en la Justicia cuando es víctima de delitos que atacan su integridad física, emocional o sexual. Buscan la protección del sistema de justicia para ellas y sus hijos/as. Ellas se separan y denuncian al agresor movidas por esa natural confianza ciudadana. Quieren que la Justicia en primer lugar les brinde protección para poder ellas proteger a su vez a sus hijos/as. Esta es su demanda inicial, la seguridad institucional para ella y sus hijos/as; la mayoría de estas mujeres tiene mucho miedo, solo quieren salvarse del agresor, no piensan en esos momentos en venganza o sanción para sus agresores, solo buscan que se le impida seguir dañándolas a ellas y sus hijos/as.

Mi experiencia de todos estos años como jueza con actuación diaria en estos temas, me ha mostrado el grado de vulnerabilidad de estas mujeres. Suelen tener baja autoestima, poco o nulo acceso a ingresos económicos y antecedentes de violencia o abusos sexuales en sus infancias. Generalmente están solas para afrontar los procesos judiciales emergentes de la violencia y la separación con relación a los hijos/as y frente al acoso judicial de sus ex parejas. No piensan estas mujeres al promover las denuncias en la sanción al agresor, solo quieren que no las dañe más ni a ellas ni a sus hijos/as. Algunas incluso, que han padecido hechos muy graves de violencia no visualizan el riesgo para sus hijos/as en los encuentros con el varón-padre agresor una vez separadas. Sin suficiente contención terapéutica especializada de organismos del Estado estas mujeres volverán a convivir con el agresor o le facilitarán el contacto con los hijos o resignarán el derecho de sus hijos/as al aporte alimentario del padre. Pueden tener la suerte de contar con la defensa de algún/a abogado/a sensible a su causa y capacitado para ejercerla eficientemente, pero no esto suele ser común. Sucede por otra parte con frecuencia que si ellas demandan al denunciado por violencia por los alimentos de sus hijos/as activan generalmente la contra-reacción de los agresores con pedidos de custodia compartida o unipersonal o el requerimiento judicial de regímenes comunicacionales con los hijos. Estos varones-padres violentos utilizan especialmente del pedido de las "custodias compartidas" como método especulativo económico y de presión hacia la madre que ha denunciado la violencia. Resulta sumamente llamativo que se hable de perspectiva de género en normas que crean institutos jurídicos como el "cuidado o custodia compartida" de los hijos/as y que luego son herramientas dilectas de varones violentos o que han sido denunciados por incesto. La praxis judicial desnuda estas mentiras en atractivos envases ampliamente difundidas y promovidas por doctrinarios del Derecho entre abogados/as y funcionarios de la Justicia.

A partir de la denuncia en el proceso de familia de la violencia o el incesto el agresor casi de manera instantánea accionará para tener contacto con los hijos/as, pedir custodia y demás acciones tendientes a atacar a la ex mujer en aquello que sabe que más la afectará: sus hijos/as. Se produce la reacción intimidatoria y agresiva de estos varones facilitada por un sistema de justicia de Familia con fuerte ideología patriarcal. La actuación judicial del ofensor suele ser feroz sobre la mujer *en* los hijos/as, cuestionando la custodia, la salud mental de su ex mujer, denunciando el impedimento de contacto para forzar judicialmente regímenes comunicacionales con los hijos/as, y si no logran este objetivo por sí mismos lo harán a través de sus parientes inmediatos, sus padres-abuelos paternos de los niños/as. Como ya se ha relatado, resulta visible en la práctica que cuando se les ha impedido el contacto por vía judicial aparecen los abuelos paternos solicitándolo.

En los estudios sobre las características personales de los hombres abusivos se evidencia su necesidad de control sobre la ex mujer y su medio son los hijos/as. Son varones con conductas de paternaje destructivas. Lundy Bancroft (2002) dice que una de las áreas de mayor control para el hombre golpeador en el contexto familiar es el maternaje de la madre. Por eso afirma la necesidad de contemplar la violencia doméstica al momento de las decisiones sobre custodia de los hijos.

> Las decisiones referidas a la protección infantil, custodia y visitas, en el contexto de la violencia doméstica deben tener presente una clara conciencia de las conductas de paternaje destructivas exhibidas por muchos hombres golpeadores, y sus efectos en los niños y en sus madres. Estas conductas tienen implicaciones especialmente importantes para los niños, quienes están luchando con dos tipos de daños psicológicos: uno por la exposición a la conducta golpeadora y el otro por la separación o divorcio de sus padres.

Estas mujeres y sus hijos/as, víctimas de violencia de género y/o incesto son estigmatizados desde el inicio, no son creídas/os en sus denuncias. Las presunciones en la mayoría de los funcionarios judiciales son en su contra, se sospecha de ellas y de los relatos que sustentaron las denuncias. Ideologías como la del inexistente Síndrome de Alienación Parental (SAP), que erige frente a los relatos de niñas y niños sobre el abuso sexual la idea de que ese niño/a está *alienado* por su madre o que le implantaron el recuerdo o memoria de hechos abusivos que no existieron. Murallones institucionales que se levantan sobre estas niñas y niños que han podido confiar y exponer el "secreto" que los confunde y afecta. Niños/as y madres protectoras revictimizados por el sistema de justicia y su contracara, agresores colocados en rol de "víctimas" de un complot mujer-niñas/os y "protegidos" por el mismo sistema.

Estos varones violentos en las instancias judiciales son definidos acertadamente por la psiquiatra Consuelo Barea (2012) como "acosadores legales". Se valen del proceso judicial para la recuperación del control y el poder sobre mujer e hijos/as y cuando tienen acceso a disponibilidad económica y poder su ofensiva será múltiple, con la colaboración de abogados/as expertos en este tipo de acciones. Dice:

> Una batalla por la custodia es quinta esencia de la lucha de poder entre hombres y mujeres. Se trata de quién controla mente y cuerpo de la mujer. Se trata también de quién va a controlar el futuro. Los niños son el futuro. Los hombres ven

> a los niños como las cadenas necesarias para impedir que las esposas vuelen. Si de todas formas lo hacen, ellos transfieren sus necesidades a sus hijos. Es probable que los hombres violentos busquen nuevas formas de control cuando las viejas fallan. Los agresores usan el sistema legal como un nuevo campo de combate. La lucha por la custodia forma parte de un esfuerzo continuado, a través de la violencia física, la intimidación y la manipulación jurídica, para obligar a la mujer a hacer concesiones, o volver con la pareja abusiva. En el estudio de divorcio hecho por Leonore Weitzman un tercio de las mujeres entrevistadas informó que sus maridos las amenazaban con pedir la custodia como una estrategia en las negociaciones de la post-separación.

Los hijos para el acosador legal son un medio para recuperar poder sobre su ex mujer. Un informe del año 1996 de la Asociación Psicológica Americana dice:

> [...] las disputas por la custodia y el contacto son más frecuentes cuando hay antecedentes de violencia doméstica. Además los padres que maltratan a las madres piden el doble de veces la custodia exclusiva de los niños, que los padres que no maltratan y pueden hacer mal uso del sistema legal como un foro para continuar con el maltrato a través de acciones legales de hostigamiento y represalia. (Barea Payueta, 2002).

En los casos donde se denuncia el incesto la ofensiva será para avanzar nuevamente con su poder sobre el niño/a. Por tal razón resulta trascendente evaluar la situación de riesgo del niño/a y las altas probabilidades de modificar su versión y la responsabilidad de operadores judiciales y peritos en preservar la integridad y seguridad de niñas y niños. La retractación de niñas y niños víctimas del abuso sexual es una realidad estudiada por todos los expertos en el tema. Un estudio realizado en el año 2006 en Chile sobre las variables que provocan la retractación en víctimas de abuso sexual en la infancia destaca la revictimización institucional, por eso resalta que "el objetivo central del rol de los profesionales que se desempeñan en funciones terapéuticas o periciales es pretender mejorar la administración de la justicia, proteger al menor, agilizar la labor de los fiscales y que el delito no quede impune" (Silva Escaff, Leiva, y Salvatierra Duarte, 2006).

Tanto cuando existe incesto como cuando hay violencia de género en una familia niñas y niños padecen los efectos del delito en su salud, en su integridad psíquica emocional, en su concepción de la vida de relación humana y social; no contemplar esto desde el sistema de justicia es ser cómplices de los delincuentes responsables de los inconmensurables daños en esas infancias y adolescencias. A estos niños es a quienes la Justicia de Familia y Penal debe proteger. El juez de Familia debe ser el juez del niño/a. Es esencial la visibilización de las causales de violencia de género e incesto en el divorcio o la separación y especialmente en sus efectos en las cuestiones atinentes a los hijos/as. Si no se contempla estas causales, especialmente el incesto, al momento de regularse normativamente institutos jurídicos del Derecho de Familia; si se promueven desde el sistema de justicia los contactos, revinculaciones con sus agresores en roles parentales o se les otorga la custodia de ese hijo/a, estamos regresando a esa niña, a ese niño al "coto de caza"[19] de su agresor. No es admisible la "ignorancia" en la Justicia y el Derecho. La ignorancia aquí es criminal. Es al niño/a a quien la Justicia debe proteger, siempre resguardando prioritariamente su seguridad, hacer valer su derecho humano a una infancia con ternura, cuidados y sin violencia. Creer siempre en su palabra. Sino será la in-justicia.

5. Acción y reacción

El movimiento por los derechos humanos de los niños, aquel impulsado por todos aquellos que promovemos en el sistema de justicia la credibilidad de su palabra y el respeto efectivo en los procesos judiciales a su dignidad y su integridad, produce reacciones adversas y muchas veces feroces. Molesta hacer visibles los atropellos a los niños y niñas dentro de los entornos familiares, exponerlos en el sistema de justicia, sacarlos del territorio del secreto y la complacencia. La sociedad, cada uno de nosotros somos ella, prefiere no ver sus rostros mudos y tristes, ser sorda a los *gritos silenciados* en sus miradas, no indagar las verdades que nos cuentan con sus gestos silenciosos, sus dibujos, sus juegos. Es más fácil entrar en los territorios discursivos que bregan por los niños/as y sus derechos pero ocultando la realidad traumática de miles de infancias arrasadas, robadas por violencias físicas, sexuales,

[19] Nota de la autora: expresión usada por el licenciado Xavier Oñativia en Jornada de capacitación para operadores del Poder Judicial de la Provincia. de Buenos Aires en Argentina en el año 2015.

emocionales, en entornos que para los niños/as son de confianza y debieran ser de cuidado. Por eso el desafío es la causa de los niños/as y necesita de todos nosotros, cada uno donde está y actúa. Salir de los estados de indiferencia, complacencia y comodidad. En cada niño/a vulnerado/a estamos todos, nuestro futuro humano es un niño/a.

Capítulo 7
La "alienación parental". El "síndrome judicial"

1. Historia de la promoción de una falacia en Tribunales

En el año 2000 el entonces juez de Familia argentino Eduardo J. Cárdenas escribe un artículo "El abuso de la denuncia de abuso", publicado en el diario *La Ley* el 15 de septiembre de ese año (Cárdenas, 2000).

La palabra encumbrada del autor del artículo en el ambiente judicial y académico del Derecho y la Justicia de Argentina en ese momento, produjo un efecto inmediato en Tribunales. Se propagó en el discurso de jueces/zas, abogados/as, psicólogos/as, asesores/as de Menores, fiscales y demás operadores judiciales la invocación de la "alienación parental" en la niña o el niño por parte de la madre frente a las denuncias de incesto o de violencia doméstica dentro de los procesos de divorcio.

Resulta impactante leer y analizar en el tiempo –han pasado más de diez años desde su publicación–, este artículo del ex juez que promocionó la ideología del Síndrome de Alienación Parental (SAP) en tribunales argentinos. Afirma que en la Justicia existe una proliferación y una especulación comercial en las denuncias de abuso sexual infantil, dice que es "el nacimiento de una verdadera 'industria' de denuncias de abuso sexual, promovidas con el fin de aislar al hijo del otro progenitor" (Cárdenas, 2000). Y cuestiona como ideólogos a prestigiosos profesionales de la Psicología y el Derecho argentinos precursores en el estudio del abuso sexual y el maltrato infantil.

Tras estas críticas en tono de ironía se esconde su molestia ante la credibilidad que se le otorgaba al relato de niñas y niños de hechos abusivos sexuales en los ámbitos judiciales. Así lo manifiesta: "Cuesta aceptar que gente seria haya podido pensar, decir y escribir, contra toda evidencia, que los niños nunca mienten" (Cárdenas, 2000). En el citado artículo su autor erige al médico estadounidense

Richard Gardner, en "uno de los mayores expertos mundiales en divorcio (sic)".

2. Gardner y el falso SAP

Richard Gardner es un médico psiquiatra, muerto por suicidio, perteneciente a las Fuerzas Armadas estadounidenses, que en el año 1985 inventó la idea de la "alienación parental" como estrategia de defensa para ex combatientes de la guerra de Vietnam que en procesos de divorcio o separación eran denunciados por sus ex mujeres por ejercer violencia. Era muy grande la cantidad de demandas judiciales con estas causales y la Institución Armada a la que estos hombres pertenecían debía hacer frente a las mismas. (Cornaglia, 2011). Gardner se había especializado anteriormente en técnicas de desprogramación de soldados estadounidenses prisioneros de Guerra (Viar, 2004). La mayor parte de su práctica profesional la desarrolla como perito de parte en casos de divorcios contenciosos para la defensa de padres acusados de incesto. Sus libros tienen la particularidad de tener un promedio de 800 páginas y se repiten todos sus textos en cada uno de ellos, llegando a editar (él editaba sus propios libros) hasta 4 textos por año (Vaccaro y Barea Payueta, 2009). Sus libros muestran una ideología que muchos autores denominan propedofílica y sexista. Jennifer Hoult (Vaccaro y Barea Payueta, 2009) en su investigación sobre Gardner[20] dice sobre él:

> [...] defiende la disminución o erradicación de la responsabilidad legal por el abuso sexual infantil, a través de la legalización y la normalización social. Gardner no considera la violencia sexual masculina como abuso. Por eso para él las acusaciones de abuso son siempre falsas. Así realiza afirmaciones como la siguiente: "... Muchas sociedades han sido injustificablemente punitivas con los que exhiben estas parafilias sexuales y no han respetado adecuadamente los factores genéticos que pueden influir en ello. Mi esperanza es que esta teoría (SAP) juegue un papel en conseguir mayor simpatía y respeto por estos individuos, con variaciones en la conducta sexual. Variaciones (que) juegan un papel en la supervivencia de las especies".

[20] Citado por Sonia Vaccaro y Consuelo Barea Payueta en su libro *El pretendido Síndrome de Alienación Parental*. Bilbao, Ed. Desclée de Brouwer, 2009.

Este es el "experto médico" que el ex juez argentino Cárdenas trae y promueve en Tribunales argentinos. Queda expuesta así una ideología siniestra, reaccionaria al movimiento incipiente de buenas prácticas judiciales de esos momentos. Los jueces/zas habían comenzado a dar credibilidad a los relatos de niñas y niños, les creían, daban validación probatoria a sus relatos de los abusos sexuales, estaba en riesgo la impunidad histórica del incesto y el abuso sexual a la infancia. El falso SAP, el invento de Gardner, es funcional al negocio de estudios de abogados/as que defienden a violentos y pedófilos con buenos ingresos económicos o poder en los Tribunales.

La idea que promueve Gardner es la "alienación parental" según la cual las niñas y niños que relatan el incesto están influenciados por sus madres, están "alienados" por ellas, quienes lo que buscan es vengarse y perjudicar a sus ex parejas. Estas madres inducen a sus hijos, "llenándoles la cabeza" para que relaten los hechos de abuso sexual cuyo causante es su padre, su ex pareja. Esta idea, que nunca pudo llegar a ser considerada como se pretende "síndrome", que ha sido desacreditada por toda la comunidad científica internacional, pudo tener rápida difusión por obra de grupos de varones pedófilos y violentos. Estos varones y especialmente sus abogados/as vieron que es una perfecta estrategia defensiva para desarticular en la Justicia las denuncias de incesto y silenciar a niñas y niños que relatan los abusos sexuales. Y también les sirve para defensa frente a las denuncias de violencia de género en los procesos de separación o divorcio.

El falso SAP es una falacia vendida como verdad. "Nada más complejo que desarmar una mentira", expresan Sonia Vaccaro y Consuelo Barea Payueta (2009) en su esclarecedora y minuciosa investigación sobre esta siniestra ficción pseudo científica. Mentira que se asimila fácilmente a la ideología patriarcal imperante, por la cual las mujeres son vengativas, los niños manipulables y los varones, pobres víctimas de los complots de sus ex mujeres.

Estos grupos de padres violentos y pedófilos se siguen unificando tras esta idea y sus metodologías renovadas[21] y la propagan en las esferas judiciales de sus respectivos países. En Argentina sigue vigente en los juzgados de Familia aunque no sea mencionada

[21] Las "custodias o cuidados personales compartidas/os" impuestas al juez/a es una de ellas.

expresamente. Aun hoy en Tribunales, abogados/as, juezas, jueces, peritos psicólogas/os, asesoras/es de Menores siguen sospechando de las mujeres que en los conflictos de familia denuncian el incesto o la violencia de género y en el mismo lugar colocan a niñas y niños que relatan el abuso sexual.

En la actualidad se puede escuchar a profesionales del Derecho y la Psicología que hablan de las "falsas denuncias" con referencia al incesto o la violencia de género. Con este concepto dicho como de manera circunstancial evidencian su ideología. Esconden su prejuicio y desconfianza hacia las mujeres que denuncian estos delitos en las separaciones o divorcios y no creen los relatos de los abusos sexuales de niñas y niños. Esta argumentación es un indicador de la ideología de la "alienación parental" del operador judicial que la esgrime. Esconden su prejuicio y desconfianza hacia las mujeres que denuncian el incesto o la violencia de género. Se observa también en la conducta reticente de funcionarios de la Justicia de Familia a creer el relato del niño/a al citarlo/a innumerables veces para que vuelva a ser entrevistado/a o escuchado/a sin consideración hacia ese niño/a. O peritos psicólogas/os que para desacreditar el relato de una niña o un niño hablan de la "implantación de memoria" o "falsas memorias" y enfocan automáticamente la mirada de sospecha en la madre, ella es la inductora del relato. No le creen cuando cuenta, tienen temor de las ofensivas del padre denunciado y el niño/a no puede negarse a los atropellos judiciales. A las madres protectoras se las estigmatiza y maltrata de diferentes maneras: desde la sospecha y el mal trato de los operadores judiciales, hasta la condena mediante sanciones económicas si se resisten al contacto del padre que han denunciado por incesto con el niño/a.

3. SAP y padres denunciados judicialmente por delitos

El SAP es la síntesis reaccionaria contra un avance judicial protector de los niños/as víctimas de incesto y la reacción de padres denunciados por incesto, abogados de esos padres y de aquellos promotores de una idea de familia incuestionable e infranqueable en la que los niños no tienen voz.

Allí está expuesto el gran motorizador de la ideología SAP: la palabra del niño, su relato del incesto no debe ser creído por los jueces/zas. Lo que atacan es el relato del niño/a víctima del abuso sexual porque al ser creído por los jueces reviste carácter probatorio, será evidencia del delito y conducirá a la condena del padre incestuoso. Siendo un delito donde el único testigo es su víctima, la niña, el niño, la credibilidad de su relato es esencial. Ellos y sus abogados/as lo saben, por eso se ha propagado por el mundo esta enorme mentira, que les permite desarticular la credibilidad de ese relato-evidencia del delito. Les brinda las herramientas para desarticular la denuncia penal de incesto atacando a la madre denunciante por loca y manipuladora, y al niño/a por repetidor/a e influenciable (ambos partes en el complot) y victimizando al padre denunciado.

Por eso la ideología del falso Síndrome de Alienación Parental o la simple alegación de la "alienación parental" sobre la niña/o que relata hechos abusivos les permite desmantelar esa evidencia alegando que lo hace porque la madre le ha influido. Con su sola invocación invierten la carga probatoria y la sospecha va a la madre protectora desacreditando paralelamente el relato del niño e invisibilizando al padre ofensor. Es ahora la madre la que debe probar que no ha realizado falsamente la denuncia, que tiene cordura psíquica, que el niño dice la verdad y que el incesto existe. Eficaz defensa que por tales razones ha tenido y sigue teniendo aceptación en el foro judicial argentino.

La siniestra creación de este médico pedófilo es una ofensiva solapada a niñas y niños víctimas del incesto y el abuso sexual que pueden relatar lo sucedido ante la Justicia; y que necesitan retomar el poder. Hay que silenciar a la víctima. Dice Judith Herman[22]:

> [...] el verdugo hace todo lo posible para promover el olvido. El secreto y el silencio son la primera línea de defensa. Si se derrumba, el verdugo atacará la credibilidad de la víctima. Si es capaz de silenciar por completo, se asegurará de que nadie esté escuchando. Para este fin, se despliega una impresionante batería de argumentos, que van desde la negación más descarada a la racionalización más sofisticada.

Es el niño/a que pudo relatar el abuso sexual el objetivo final, se ataca a la madre por su rol de adulto protector y denunciante del delito. Es una ideología que ataca a todo adulto protector sea progenitor o profesional del Derecho, Psiquiatría o Psicología que

[22] Herman, J. (1992): *Trauma y recuperación*. Nueva York, Basic Books. Citado en el artículo sobre SAP de Patrizia Romito.

valide la palabra del niño/a víctima, la existencia del incesto y active la protección de ese niño/a del padre agresor.

4. Prejuicios y discriminación en la Justicia

Se produce en los procesos judiciales una conducta de los funcionarios judiciales notablemente discriminatoria hacia la madre denunciante con actuaciones judiciales que constituyen un maltrato institucional a víctimas del delito: niñas, niños y madres protectoras. Se afecta a la niña, al niño en su dignidad humana, en su capacidad de decir la verdad aislándolo de su figura afectiva protectora porque se busca que ese niño calle o se retracte.

Es una ideología propagada y nutrida de prejuicios sociales constitutivos de una cultura patriarcal en la cual las mujeres son maliciosas, "brujas" y manipuladoras; niñas y niños fantasean y no saben lo que quieren y donde los varones "padres de familia" resultan incuestionables en su poder. Una clara manipulación de prejuicios sociales para lograr su real fin: descreer de la palabra de los niños/as, desacreditarla como evidencia del incesto y continuar con la impunidad de padres incestuosos. La impunidad del *pater* en la familia, el "secreto" de sus actos violentos o abusivos sobre los integrantes vulnerables de la familia, niñas, niños y mujer es lo que este movimiento ideológico busca preservar. Y como contrapartida realizar un feroz ataque de descrédito a todos los profesionales que se atrevan a validar los relatos infantiles del abuso sexual infantil y del incesto, y especialmente a aquellos que investigan y estudian el tema porque su enfoque puede ser receptado por los jueces y como textualmente cuestionaba en su momento el artículo de Cárdenas (2000): "revalorizaban los relatos de los niños sobre el incesto". La necesidad de revertir una práctica judicial que pueda creer a niñas y niños que relatan el incesto y le den validez como evidencia y prueba y condene a los padres incestuosos: ese es el claro objetivo y fin de toda esta postura discriminatoria que refiere que los niños son "alienados" por sus madres para relatar hechos de abuso sexual perpetrados por sus padres. Pocos delitos han tenido tan perfecta estrategia defensiva para delincuentes como el SAP y sus vertientes ideológicas esgrimidas en los procesos judiciales de familia y penales. Su reverso es la vulnerabilidad de las víctimas de estos delitos y su notable revictimización institucional judicial. Estas madres denunciantes y sus hijos/as son atacados ferozmente por el sistema de justicia y todo el andamiaje jurídico que lo atraviesa. Aun hoy se siguen leyendo en publicaciones de editoriales jurídicas de difusión masiva artículos con apologías que consideran al Síndrome de Alienación Parental como una verdad científica irrebatible, manipulando la realidad o expresando, aunque sin mencionarlo, su ideología de sospecha sobre las madres denunciantes y los relatos de niñas y niños sobre el incesto o el abuso sexual.

5. La ideología SAP, el "impedimento de contacto" y el delito de incesto

En el ámbito penal estos ideólogos y lobistas logran en Argentina la sanción de una ley que plasma en la práctica judicial la ideología de la "alienación parental" y que resulta ser una forma institucionalizada de represión a niños y madres denunciantes del incesto: la ley que erige en delito el "impedimento de contacto". Esta ley 24.270 fue promulgada durante la presidencia de Carlos Menem el 3 de noviembre de 1993. Es una ley conformada por solo seis artículos que facilita un proceso *exprés,* tipificando como delito penal la acción de un "padre o tercero" que "impidiere u obstruyere el contacto de menores de edad con sus padres no convivientes" y obligando al juez a la fijación de régimen comunicacional o de visitas en corto plazo. Esta ley penal omite expresamente toda alusión a principios esenciales que protegen los derechos humanos de niños/as regidos por leyes nacionales como la ley 26.061 e internacionales como la Convención Internacional sobre los Derechos del Niño. Es una ley que no discrimina el sexo en su terminología pero que en su práctica es ejercida contra las madres protectoras en situaciones de violencia de género y abusos sexuales de niñas y niños. Es una ley festejada ampliamente por agrupaciones de padres promotores de la ideología de la "alienación parental" y por sus profesionales del Derecho acólitos.

La ideología de esta ley es la de la "alienación parental" y uno de sus ejemplos que lo evidencia está plasmado en el libro *La responsabilidad penal del padre obstaculizador. Ley 24.270. El síndrome de alienación parental* (2005) escrito por Graciela Manonellas y prologado por el actual juez integrante de la Corte Interamericana de Derechos Humanos, doctor Eugenio Zaffaroni. Al imponerse esta ley se ha facilitado otra herramienta a hombres violentos y pedófilos para presionar a sus ex mujeres a fin de conseguir el contacto con sus hijos/as por vías represivas penales. Es también un motivo de regocijo para abogados/as, psicólogos/as que lucran trabajando para estos hombres

La defensa del perpetrador es una fuente de ingresos económicos redituable para abogados y profesionales de la salud mercenarios. Una madre denunciante de incesto suele en cambio encontrarse en un territorio judicial hostil, con dificultades para su defensa capacitada y en la mayoría de los casos con serias limitaciones económicas. En la esfera penal, la situación es desoladora para estas mujeres y especialmente para niñas y niños quienes son revictimizados en constantes entrevistas descreyendo de sus relatos y forzándolos a concurrir a ámbitos agresivos ajenos al mundo de la infancia. El sistema judicial penal es cruel con las víctimas de incesto y violencia y su indefensión se hace mucho más evidente y con los resultados a la vista: la impunidad del abuso sexual en la infancia.

Defender a una madre contra esta ideología imperante en el sistema de justicia requiere conocimientos y capacitación especializada en el abuso sexual infantil y la paciencia de resistir los constantes activismos de los abogados de los padres denunciados.

6. Justicia argentina. Una voz en el desierto y la propia experiencia frente al SAP

En Argentina, como contrapartida de este movimiento impulsado por un ex juez de Familia, se destacó la postura de otro juez, el doctor Carlos Rozanski, quien en el año 2003 escribió el libro *Abuso Sexual Infantil. ¿Denunciar o Silenciar?*. El primer y único libro hasta la fecha escrito por un juez en funciones que desmantela la tragedia de victimización de los niños abusados sexualmente en la justicia penal. Años después en otro libro, *El pretendido Síndrome de Alienación Parental* escrito por la psicóloga argentina Sonia Vaccaro y la médica psiquiatra Consuelo Barea Payueta, se expone con minuciosidad la falacia pseudo científica creada por Gardner. En el año 2012 ambos libros fueron un material bibliográfico fundamental para mi trabajo como jueza; para poder comprender y actuar en un proceso judicial en que se planteaba el conflicto por el régimen comunicacional del padre con su pequeño hijo y frente a la denuncia de incesto de la madre. La joven mamá sostuvo su denuncia y su oposición a que el padre viera al niño durante todo el proceso. Era una mujer joven y en estado de gran vulnerabilidad por sus antecedentes de suicidio comprobado, adicciones entre otras circunstancias y contaba con la contención y acompañamiento de su madre y su tía materna. No existían al momento de su denuncia elementos probatorios para sostener la misma; solo un informe de la psicóloga tratante del niño que evidenciaba un relato de hechos abusivos hacia la criatura. La asesora de Menores, en una postura coincidente con la defensora del padre denunciado, cuestionaba a la madre y su credibilidad, sustentada en su estado psíquico y sus antecedentes psiquiátricos. Mi primera medida frente a la denuncia de incesto es la suspensión de todo contacto entre padre e hijo y medidas protectorias del niño. El único relato del niño era el que constaba en el informe de su psicóloga interviniente en un primer momento (y que luego no continuó tratándolo). Posteriormente, luego de incidencias y resoluciones del Tribunal de Alzada, fijo audiencia para escuchar al niño, y no habla una palabra. Resuelvo se produzcan encuentros supervisados por la señora asistente social del juzgado, licenciada Silvia Rodríguez, excelente y capacitada profesional, sabiendo que frente a cualquier indicio o riesgo en el niño lo detectaría inmediatamente y me lo plantearía (en un caso anterior años antes así lo hizo). Se produjeron algunos encuentros y la licenciada Rodríguez informaba que los mismos eran satisfactorios sin sospechar nada extraño en la conducta del padre hacia el niño. Mientras tanto seguía una andanada de cuestionamientos de la defensa del padre y de la asesora de Menores hacia la joven madre y sus problemas de adicción y psiquiátricos. Por mi parte había observado que el sostén afectivo de madre e hijo eran la abuela y la tía maternas quienes habían cuidado en sus hogares a ambos en distintas oportunidades. La joven madre seguía con su estado de fragilidad emocional, psíquica, pero aun así había llevado al niño a entrevistas con una nueva psicóloga. Es en este contexto que el niño logra relatar el abuso sexual de su padre a su psicóloga. Cuando se agrega este informe al expediente era la hora de mi resolución judicial. En esos momentos siento que mi mirada solamente debía centrarse en ese niño, quien cuando estuvo frente a mí como jueza no pudo hablar, pero que sí lo había podido hacer ante su terapeuta luego de varias entrevistas. Esa criatura era el centro de toda mi decisión, había relatado con su idioma los abusos sexuales, debía creerle y protegerla. Es también allí que veo claro que aun sin ser nombrado había estado presente en todo momento el pretendido Síndrome de Alienación Parental sobre esa joven y vulnerable madre que había sostenido su decisión de que su niño había sido abusado por su padre. Una mamá joven que defendía y protegía a su hijo más allá de su propia fragilidad. Supe que debía por lo tanto darles contención judicial a ambos, al niño y a su mamá. Y que había tras ellos, seres muy vulnerables, un arco protector familiar muy fuerte, dos mujeres, la abuela y tía maternas que todo el tiempo estuvieron dispuestas para ellos.

Los procesos judiciales suelen ser engranajes de formas que pueden convertirse en laberintos que nos alejan a juezas y jueces del sentido de la justicia en el caso donde actuamos. Los agresores y sus defensas utilizan asiduamente estos engranajes porque en la confusión logran su cometido, impunidad y represión de su víctima. Por eso en ese momento mi mirada en el niño fue mi timón de viaje hacia la verdad, allí visualicé la ideología subyacente que estigmatizaba a la madre e invisibilizaba al padre incestuoso. El proceso penal paralelo no ayudaba al proceso de familia donde debía resolver, la absolución fue su final. Así es como entonces resuelvo el impedimento de todo contacto del niño con el padre hasta que su terapeuta me lo permita y aplico asimismo medida de restricción de acercamiento del mismo[23] (Carbajal, 2013). Como en otros momentos de mi rol como jueza debía hacer efectivo el derecho humano de ese niño a ser protegido en su integridad porque creía en su relato y en su madre que lo había protegido más allá de sus propias vulnerabilidades. Centrándome en el niño desmantelaba la ideología SAP instalada en todo el proceso.

Las mentiras propagadas en envases pseudo académicos no son el problema, el problema es su reproducción impune y las conductas empáticas y éticas de nosotros, los jueces, al momento de resolver sobre vidas infantiles. Resulta "conveniente" al sistema el no creerles a niñas y niños víctimas de abusos sexuales. Consumidores sexuales, pedófilos y explotadores sexuales deben

[23] Nota de la autora. Resolución judicial transcripta en: ASAPMI (2009). *Revinculación-Valoración del relato del niño. Críticas al SAP*. Recuperado de: *http://asapmi.org.ar/publicaciones/jurisprudencia/articulo.asp?id=817*. ASAPMI (Asociación Argentina de Prevención del Maltrato Infanto Juvenil).

seguir siendo impunes y amparándose en las sombras. Y en este siniestro cometido es necesario desarticular todo intento de hacer valer el relato de los niños víctimas de violaciones, abuso sexual infantil e incesto. Hay que desacreditar y hay que "poner las cosas en orden" usando toda metodología para ese fin. La revinculación, el contacto forzado, la custodia del niño dada su padre agresor es el modo institucional de hacerlo. Por eso es indispensable creer al niño/a, cuidarlo de todo peligro y poner la mirada exclusivamente en el agresor de ese niño/a, *el principio de inocencia rige para el niño/a*. Cuando se comience a creer en sus relatos, cuando se respete su dignidad y su dolor habrá menos impunidad, **único camino para sanear la sociedad y su futuro hoy desolador**.

7. Infancias robadas

Deberíamos preguntarnos como sociedad y como Justicia: ¿qué pasa con esos niños y su futuro adulto? ¿Qué sienten cuando no son creídos por un juez/a y padecieron abusos sexuales de quien debía amarlos? Algunos testimonios nos acercan a sus sentimientos.

¿Qué será de sus vidas frente a la falta de justicia? Serán sobrevivientes de la iniquidad más trágica. No se dimensionan los efectos traumáticos del abuso sexual impune y silenciado en la sociedad y María Cecilia López (2014) lo expresa en toda su dramática realidad:

> Si se sabe que la quinta parte de la población mundial ha sido abusada, mal que nos pese, en la actualidad existen más de 1.000 millones de víctimas desesperadas pidiendo auxilio a gritos cada vez que se drogan y alcoholizan, cada vez que fracasan en vincularse con otro, cada vez que intentan calmar sus recuerdos en la promiscuidad o en la pornografía, cada vez que asesinan o se asesinan masificándose, resignando su identidad en pos de ser aceptados por quienes en realidad los desprecian.

La Justicia no quiere saber y estas niñas, estos niños quieren que se sepa, necesitan hablar, ser escuchados y que como juezas y jueces les creamos. Esta caravana silenciosa de niñas y niños peregrinando junto a sus madres por tribunales, con infancias arrasadas, agobiados/as de tanto repetir los mismos traumáticos hechos, en esperas interminables; y lo más terrible aun es ver que todo ese calvario no sirvió, que nadie les creyó al fin de cuentas. Creer de sí mismos/as que no valen nada, como le decía ese padre abusador a su pequeña hija. "¡No ves que no sos nada! ¿Quién te va a creer?". Si la Justicia sigue siendo ciega a este inmenso dolor de tantos niños/as al dejar impune el delito que mató sus infancias, al no creerles, será cómplice de padres como ese perverso.

Capítulo 8

Madres protectoras

1. Denuncias verdaderas

Estadísticamente son mayoritariamente las madres quienes visibilizan el incesto en el sistema de justicia con sus denuncias. Los estudios en el mundo y las estadísticas validan las denuncias de incesto en los procesos de divorcio realizadas mayoritariamente por las madres. Es la madre la que suele observar los cambios de conducta del hijo/a, los detalles en su salud, sus gestos, la que "mira" al hijo/a. Ese "miramiento" ancestral, nacido en la naturaleza de la mujer que cuida a la cría, que se incentiva cuando lo motiva la ternura y la empatía. Son ellas quienes en la mayoría de los casos detectan los cambios en el niño/a o a quienes primero el niño/a relatará aquello que no entiende y le afecta. Cuando una niña/o devela el incesto a la madre ambos quedan inmersos en el trauma. Estas mujeres que creen a sus hijos/as son fundamentales en el proceso de protección y recuperación de los mismos/as, su apoyo indispensable. Así lo evidencian Cadoche y Grossman(2002):

> Para romper el muro de silencio que oculta el maltrato el niño requiere un apoyo, un acompañamiento que puede venir de los parientes, la escuela, las organizaciones no gubernamentales u organismos de la comunidad. Este auxilio lo necesita no solo el niño o la niña víctima sino también el otro progenitor, generalmente la madre, en los casos de abuso sexual, para que le permita cortar su dependencia y afirmar su responsabilidad materna.

Desde esta mirada comprensiva se debieran entender sus comportamientos muchas veces caóticos. Esa impresión que suelen dar, como evidencia Kathleen Faller (Volnovich, 2008) de "histéricas"[24].

[24] Kathleen Faller dice que una madre que está atravesando un divorcio y a la vez descubre que su hijo ha sido abusado sexualmente puede dar una impresión de "histérica".

Mujeres que reaccionan frente a lo extremadamente traumático desde su historia, su personalidad, como pueden hacerlo y expresarlo.

Las cifras mundiales muestran que el abuso sexual en la infancia intrafamiliar es perpetrado predominantemente por hombres; que estadísticamente donde más ocurre es en el ámbito familiar y que la protección de niñas y niños con posterioridad al abuso recae en la mayoría de los casos en sus madres. Todos los estudiosos del tema coinciden en lo indispensable que es para la recuperación y protección de la niño/a víctima del abuso sexual infantil intrafamiliar ser creído por el progenitor no abusador y protegido por él. Las madres protectoras son figuras afectivas esenciales para esa hijo/a abusado sexualmente.

2. En la Argentina

En Argentina, prestigiosas profesionales de la psicología y del trabajo social dan trascendencia al rol protector dado al niño/a víctima de abuso sexual por las madres que denuncian el abuso y los avatares que estas mujeres deben padecer a nivel personal y social al ingresar en el sistema de justicia. La perito forense doctora Virginia Berlinerblau (2014), expresa que el niño/a abusado/a se encuentra encerrado en un círculo de temor, inseguridad y confusión respecto de sí mismo/a y del mundo. Para ese niño/a la realidad se desdibuja y lo lleva a dudar de sus propias percepciones. Es por ello fundamental para él/ella contar con personas significativas que corroboren aquello traumático que ha vivido y sentido. Por eso las madres protectoras que han creído el relato de abuso de sus hijos/as o detectado sus indicadores y han recurrido a la Justicia con su denuncia cumplen no solo su rol materno de cuidado sino que constituyen un factor determinante en la recuperación de sus hijos/as.

Esa madre, expone Alicia Ganduglia (2006), no solo se enfrentará a la pérdida de su contexto familiar nuclear, sino la mayoría de las veces a la división de la familia ampliada, el distanciamiento de gran parte de sus amistades, a los problemas escolares de sus hijos/as, la posible pérdida de su trabajo si lo tenía, los síntomas y el estigma del hijo/a dañado/a hasta la posibilidad de una pérdida de la custodia. Analiza esa disrupción que se da en su capacidad de maternaje, junto a una seria interferencia en la estructuración psíquica del niño/a. Debiera considerarse a ambos al momento de intervenir en situaciones de violencia de género e incesto, en relación con proyectos de programas de intervención psico-social que incluyan sistemáticamente a los hijos/as en las consultas de mujeres por violencia doméstica, así como a las madres en los casos de niñas y niños abusados. Reflexiona Ganduglia (2006), que cuando parecía que habíamos dejado atrás la descalificación de los relatos de la niñez y la sospecha sobre la madre como maliciosa y alienante vuelven otra vez los mitos a ser restaurados "ahora de segunda y tercera generación". Y concluye que no es a la "alienación" una palabra que se dice a lo que debemos temer hoy, porque hemos aprendido a saber escuchar la palabra de un niño/a; "lo más temible, lo que realmente debe preocuparnos son esas palabras que nunca serán dichas y para las cuales no podrá existir portavoz".

La licenciada Ruth Teubal[25] (2009), en el marco del proyecto de investigación social UBACyT S030 denominado *La experiencia de las madres frente al abuso sexual de sus hijos* evidencia que la revelación del abuso sexual por parte de un niño a su madre implica para muchas mujeres el enfrentamiento a una situación crítica difícil de afrontar y elaborar, que puede llegar a ser altamente traumática en la medida en que significa casi siempre una alteración de la configuración de su mundo, su autoimagen como "buena madre" y su identidad como mujer. Asimismo conlleva un cambio radical en los "supuestos" que rigen la vida familiar y cotidiana. Debe por otra parte afrontar con relación a su hijo/a abusado/a sentimientos de culpa, horror, depresión, ira, etc. Situaciones de entrampamiento determinadas en muchos casos por su dependencia económica y emocional hacia su pareja o marido, o por compartir el mismo ámbito laboral. Es indispensable, dice Teubal, comprender todas estas vicisitudes complejas y los desafíos que debe enfrentar esta madre y que la ubican en una posición dilemática para la toma de decisiones; profesionales e instituciones deben brindarle el cuidado, la comprensión, y el sostén, porque ello redundará en forma directa y positiva en sus hijos/as victimizados.

[25] La licenciada Teubal es especialista en Violencia Familiar de la Universidad de Buenos Aires, psicóloga social y miembro de la Comisión Directiva de ASAPMI (Asociación Argentina de Prevención del Maltrato Infanto Juvenil).

3. Australia, Inglaterra y Estados Unidos

Este rol esencial de las madres protectoras frente al incesto y el abuso sexual infantil es resaltado tanto en estudios realizados en Australia como en Estados Unidos desde la década del noventa. En el año 1993 en Australia los estudios descriptos por Pam Keeble (1993) evidencian el rol crucial del apoyo materno en la rehabilitación del niño/a víctima, resaltando que por tal razón es de suma importancia toda actuación con la madre que ha escuchado al niño/a. Se afirma que al momento de la revelación, la madre protectora debería ser considerada como una persona traumatizada o en crisis, con necesidades propias y asimismo debería brindársele una oportunidad de apoyo. Argumentan que si una madre protectora enfrenta la situación traumática con eficacia, estará en mejor posición para ejercer apropiadamente su rol materno con el niño/a. Por tal razón concluyen que en casos de abuso sexual en la infancia la intervención protectora debiera ser abarcativa de las madres protectoras. Por su parte en Inglaterra Dalma Glaser (1992) pone en relevancia la importancia que tiene para el niño/a al relatar el incesto la respuesta del cuidador no abusador (las madres estadísticamente lo son), el ser creídos y cómo incidirá ello en su bienestar futuro emocional (Espeche, 2013).

Carol Ann Hooper (1994) publicó un libro sobre las madres sobrevivientes al abuso sexual de sus niños. En su estudio específico recalca que son ellas quienes desempañan un rol primordial en la protección de esos niños víctimas del delito y menciona que todos los estudios sobre la temática evidencian que son el factor más significativo para la recuperación de niñas y niños; su rol no es solo el de protección de los niños/as sino también de actuación ante las instituciones públicas. Referencia Hooper un estudio del año 1989 sobre las agencias de protección infantil en los Estados Unidos de 1880 a 1960, que daba cuenta que tanto las mujeres como los niños habían sido quienes iniciaron la intervención institucional. Las mujeres buscaban ayuda en relación con la violencia de sus compañeros hacia ellas mismas y sus hijos/as. Y destaca: "Hoy en día las madres son una de las fuentes principales de consultas sobre abuso sexual infantil a las agencias...".

Lundy Bancroft (1998) destaca esta necesidad de contención institucional a la madre que cree el relato del niño y lo protege denunciando. Y afirma que deben ser comprendidos por los operadores que actúan en estos casos las vicisitudes complejas y los desafíos que esta madre ha debido superar para acudir a la Justicia y denunciar un delito que se suele silenciar.

4. La traición

La observación que he tenido como jueza todos estos años sobre estas mujeres que creen y protegen a sus hijos de su pareja abusadora es que a partir del momento que deciden sacar del territorio de las "cuatro paredes" familiares el incesto con su denuncia y su separación del perpetrador, deben enfrentar durísimas pruebas de vida. Pruebas ante actos que tienen un denominador común: la traición. El acto inicial, descubrir lo impensado, lo inimaginable, el incesto en aquel con quien proyectaron familia. Ver también desmanteladas sus creencias amorosas y su estima como mujeres. La traición primera y fulminante que se evidencia ante sus ojos y a la cual deben sobreponerse como pueden para proteger a sus hijos/as. Frente a esa cruda, espeluznante verdad recurren ante la Administración de Justicia en busca de contención y ayuda para proteger a los niños/as. Allí el sistema de justicia les suele mostrar en la mayoría de los casos descreimiento y maltrato estigmatizándolas como las "locas" "manipuladoras" "maliciosas". Ante ellas se presenta así una segunda traición: la de la Justicia. La institución donde los ciudadanos ponen sus expectativas de protección y reparación les da la espalda y las castiga con revinculaciones forzadas o peor aun sacándoles las custodias de los niños víctimas del delito denunciado. En este contexto de dolor y decepciones continuas se suma una cadena de nuevas traiciones; algunas expuestas, otras solapadas. De su entorno afectivo o familiar descreyendo de ellas y sus denuncias, juzgándolas en sus historias personales. Traición de profesionales del Derecho a quienes recurren y las abandonan en el camino judicial o las perjudican con su inoperancia o desidia en los procesos. De referentes jurídicos o sociales que bregan por los Derechos del Niño/a pero que ocultan sus reales motivaciones, escondiendo intereses personales espurios o una ideología patriarcal o pedófila.

Niñas y niños creen que sus mamás son invencibles y que pueden protegerlos de todo. Terrible dolor de estos niños/as frente a un sistema que impide esa protección maternal. Madres que están inmersas en el mismo dolor y trauma. Como describen María Beatriz Müller y María Cecilia López (2013):

> Es la madre quien le da sentido al grito de su bebé recién nacido; pero será el psicólogo quien le dé sentido al grito de esta misma madre cuando llore la peor noticia de su vida. Es que cuando un niño/a atraviesa un trauma sexual no solo él sino también su madre queda sumida en un estado de perplejidad que no le permite pensar ni, en consecuencia, tampoco reaccionar. Por lo tanto, una de las funciones básicas del psicólogo de niños/as víctimas de abuso es instaurar un lenguaje común para que madre e hijo/a puedan nombrar su dolor.

Cuando desde la administración de justicia los jueces damos credibilidad a su denuncia y disponemos todos los resortes institucionales para protegerlas a ellas y a sus hijos/as del agresor, se propicia un proceso de recuperación de sus proyectos de vida. He visto en el tiempo los efectos beneficiosos en sus vidas de actuaciones judiciales sustentadas en proteger y aislar a los agresores de ellas y de sus hijos/as creyendo su palabra. Cuando se ha protegido a niñas y niños abusados sexualmente, y se ha impedido todo contacto a sus agresores, se les permite el acceso a la ayuda terapéutica y a la reconstrucción de sus vidas arrasadas por el delito. Es hacer efectiva la **justicia restaurativa** expresada por Dussich desde la Victimología: "la necesidad de una justicia restaurativa enfocándose en la víctima" (Dussich, 2007).

5. Las voces silenciadas del dolor

En todos estos años he escuchado infinidad de relatos nacidos desde la desesperación y la angustia vivida en el espacio donde debiera reinar el cuidado y el amor: la familia. Frases sueltas registradas en el tiempo, que resuenan en un contexto de indiferencia y descreimiento a la palabra de las vulnerables víctimas del incesto, niñas, niños y sus madres protectoras. Creo que a veces el testimonio del dolor es la definición de la realidad y la verdad, aunque se la pretenda acallar por la fuerza. Los actos jurisdiccionales que atropellan, avasallan y arrasan en las vidas de estas niñas, niños y sus madres protectoras no son justicia, son ilegales y represores como lo fueron aquellos que en aras del Estado torturaron y desaparecieron jóvenes en nuestra historia argentina. El acto judicial solo es justicia cuando "escucha", cuando "siente el dolor de quien ha sufrido violencia o abuso" cuando parte de la humildad de querer saber, aprender para comprender y actuar con "compasión" humana. Por eso comparto algunas expresiones de algunas de estas mamás protectoras y de niñas y niños que han sido escuchadas en estos años y que pretenden simbolizar estas ausencias, estas indiferencias soberbias de quienes debiéramos actuar con justicia. Los niños/as hablan y temen; algunas madres les creen y los protegen, separándose del padre agresor y recurriendo a las instancias judiciales. Transcribo algunas frases y pensamientos desgarradores que he ido escuchando y registrando de sus testimonios durante estos años, en los que la impotencia se suma al dolor más visceral:

> "El MONSTRUO… es papá!".
>
> "¿El recuerdo más doloroso?... haberlas escuchado, totalmente en llanto, diciendo su preocupación más grande ahora que ellas me lo habían contado: '¡Ahora te va a matar, mamá!… te contamos lo que no teníamos que contar, se lo prometimos a papá!".
>
> "Yo me remití mucho a la PAZ, para no enfermarme, para no ponerme nerviosa… Lo único que quiero es justicia".
>
> "¡Tengo miedo que mi papá vuelva!".
>
> "… me sentí escuchada, y al decir que 'me sentí' digo que 'ellas fueron escuchadas'".
>
> "Es tan agotador luchar contra tantos prejuicios cuando ya estás rota por dentro al sentir todo el dolor de mi hija…".
>
> "Nunca dejaré de luchar, las fuerzas salen desde adentro. Es que viendo lo que pasa ella, lo que le queda por superar, ya es una mejora increíble si puedo verla sonreír, porque hay heridas que aún no cierran ni creo que cerrarán".
>
> "Su autoestima… ella es brillante académicamente, pero no se cree capaz de hacer muchas cosas y está llena de culpa, tiene muchos miedos. Desde que no lo ve, todo el mundo me dice que está feliz y tranquila. La Justicia no la protegió. Solo yo, mi familia y amigos".

"¡Tengo tanto miedo! Sigo con mucho miedo, también tengo esperanzas. Es que no las puedo perder, ella me ha dado una lección de vida con su fuerza y valentía cuando me lo contó".

"¡Es tan desolador todo! Es necesario que cambien muchas cosas y que una se sienta acompañada. Ayuda mucho para seguir luchando y no perder la confianza en el ser humano ver que hay buenas personas que te entienden y apoyan".

"No es fácil. Por el miedo, por ella, por lo que le pueda pasar al no estar protegida legalmente. Me tiemblan las piernas, pero ella tiene que tener una vida normal y feliz. Es que no sé qué más hacer y solo quiero que la protejan, ¿es tan difícil?".

"Me siento afligida, molesta, impotente, muy enojada con este cáncer burocrático que ha convertido mi historia y la de mi hijo en una colección de papelitos sellados por oficinas, organismos y magistrados, que me han llevado a la triste conclusión que la Justicia tiene precio y que solo es accesible para los que pueden pagar un buen abogado".

"... lo peor es que no sé qué hacer, ni por qué ni para qué debo volver al juzgado".

"Quiero que este proceso continúe sin sentirme manoseada como una cosa que comandan de un lado a otro sin un objetivo claro, quiero sentirme una persona con derechos que son respetados".

"¿Por qué tengo que explicar una y mil veces la verdad? Agotada".

"Qué triste es todo esto. ¿Por qué no ven lo que nos están haciendo?".

"Hoy mi nieta arrancó tres florcitas de lavanda y mirándolas como si tuvieran magia les dijo: 'deseo... no ver nunca más a mi papá'. Y luego ella quedó contenta porque fue un deseo del alma, como si alguien de arriba la hubiese escuchado. A la media hora la vino a buscar su padre para pasar el fin de semana con él, y ella mirándome me dijo con una madurez no propia de su niñez: 'no llores abuela, no llores'. Yo no lloraba, pero a lo mejor en su pureza vio mi alma...Tengo mucha tristeza dentro, una herida muy adentro".

Estas son solo algunas de esas voces que resuenan en la angustia y que impulsan en este camino de búsqueda de cambios de un sistema de justicia que mayormente ha dejado abandonadas a estas mujeres y sus niños/as, o peor aún, que los castiga ferozmente para entregarlos a su agresor impune. El criminal a cargo de su víctima. Siendo que el Derecho como toda ciencia se nutre de "Humanidad" es necesario compartir algunas de esas voces que definen una trágica realidad. Testimonios que nacen desde el dolor, donde la palabra tiene su fuerza primigenia, la que se nutre en los sentimientos más profundos y despojados. El drama inscripto en esas expresiones desoladas, sin una resonancia en el sistema de justicia. Un "no escuchar" evidenciado en los actos judiciales que revictimizan a niñas, niños y a sus madres protectoras. Una reiteración de esa conducta social del "no te metas", "por algo será", "algo habrán hecho" por la cual las víctimas de los delitos son sospechadas y los victimarios protegidos y creídos.

El Derecho es Humanidad, es Amor. Solo desde allí puede hacerse justicia. Ninguna madre humana puede sola contener y proteger al hijo/a frente al incesto. Ninguna mujer está preparada para semejante perversión, necesita del apoyo y la ayuda externa. El sistema de justicia debiera comprender esto, debiera contenerlas, acompañarlas en su trayecto para proteger mejor. Esas madres que han podido creer el relato de su hijo/a o detectado los síntomas del abuso sexual y denuncian el delito permiten el primer paso esencial de recuperación para los niños/as. Estas madres deben ser sostenidas por la Justicia, ellas están cumpliendo con su función primigenia maternal de cuidado y resguardo de la integridad de los hijos/as.

Por eso nosotros/as, quienes brindamos nuestro servicio a la sociedad desde la administración de justicia, debiéramos actuar de manera empática, capacitada y contenedora. Cuando hacemos efectiva esta protección institucional, judicial y terapéutica hacia la madre logramos un doble efecto: en ella y en los hijos/as. Creer a la madre protectora permite la recuperación de su autoestima, de su capacidad de maternaje para poder sostener y proteger a ese hijo/a, permitiendo el camino de recuperación de ambos del devastador daño producido por el incesto. Allí instalamos la justicia.

Debiéramos preguntarnos: ¿Qué tipo de madre queremos fomentar, cuál es la que la sociedad avala frente al incesto? ¿A las madres cobardes, a las madres cómplices, a las madres complacientes? No hay otra opción ética como juezas y jueces que valorizar, contener y creer a estas valientes mujeres que contra todo un sistema patriarcal enfrentan al mundo por sus niños/as. Es por ellos, por esa niña/o que confía en su mamá, que debemos hacerlo.

CUARTA PARTE

Impunidad

Capítulo 9

Abusadores/as sexuales de la infancia. Protegidos del sistema de justicia

1. Impostores sociales

La sociedad está ausente para el padecimiento secreto de miles, millones de niñas y niños traumatizados sexualmente, dañados en la inocencia de la infancia, que ha sido destruida por adultos en espacios donde niñas y niños debieran ser cuidados y protegidos, como la familia, la escuela, la calle. El abuso sexual en la infancia es el delito que más desnuda esta ausencia social de otra mirada que no sea la mirada adultocéntrica y facilitadora del patriarcado en lo que concierne a la protección de nuestra niñez. Porque es un delito que se sigue perpetrando sin consecuencias, es un delito donde la voz de una niña/o atacados sexualmente (el abuso sexual es un ataque feroz a su integridad) no es escuchada, si por "escucha" del otro consideramos el registro empático y respetuoso de ese otro. Voces que en niñas y niños son más que palabras audibles, son reacciones de su cuerpo, son gestos, dibujos, juegos. No los escuchan en ese primer ámbito reducido donde debieran hacerlo: la familia. Son pocas las madres que escuchan y creen, pocas las maestras que escuchan, ven y denuncian; pocos los médicos/as que observan, sospechan y denuncian; pocos los/las fiscales, los/las asesores de Menores, los peritos psicólogos/as particulares y forenses que escuchan, creen y actúan en lo que es su responsabilidad. Pocos las juezas y jueces que escuchan, ven, actúan protegen y condenan. Pocas y pocos los que con su escucha registraron las voces de niñas y niños abusados sexualmente y realizaron los actos consecuentes para su protección y para la sanción de quien/es las/los han dañado con la crueldad más siniestra.

Es la sociedad que no cuida a sus niñas y niños, que por el contrario sigue dando crédito al adulto perverso, violento, impostor de buenas formas. La sociedad es la gente, son los medios de comunicación, la escuela, la familia, la Justicia. La Justicia es el último murallón al que acude el niño/a a través de quien como adulto sí creyó su voz y denuncia el atropello perverso a su infancia, a su adolescencia, a su derecho al trato amoroso. La Justicia que no cumple, abandona y da el tiro de gracia a esa niña/o que fue abusada/o sexualmente, y no podrá recuperarse, porque su vida seguirá incompleta, en una constante búsqueda de reconocimiento a su dignidad humana, perdida por el abuso sexual impune.

Todos estos años, a medida que he ido como jueza ahondando en el estudio de este delito contra las infancias humanas y he establecido contacto con algunas de sus víctimas, fui descubriendo la dimensión de la crueldad humana hacia niñas y niños prisioneros en cuerpos frágiles y corazones grandes y confiados en el adulto. He ido descubriendo la desidia, la complicidad del sistema de justicia ante un delito que como ningún otro nos confronta como especie humana: somos capaces de destruir a nuestra cría indefensa y no hay consecuencias. No se cree en la pandemia del abuso sexual a niñas y niños en el mundo. No se cree que personajes con poder, prestigio social, buenas y agradables maneras puedan en secreto ser los temibles lobos depredadores de infancias. Esto permite la actual IMPUNIDAD del delito de abuso sexual en la infancia. Permite que varones y mujeres pedófilos, perversos, sigan abusando de niñas y niños impunemente mientras cuidan muy bien su imagen social, pues en ella se *salvan*.

Estadísticamente entre el 90 al 95% de los abusadores sexuales son varones (Intebi, 1998) y jamás reconocen el delito. Y sus víctimas, niñas y niños (Finhelhor, 1979). Estos adultos no son recuperables. El abusador sexual de una niña o niño es un perverso, hay maldad, no enfermedad, por lo que no es como se pretende "un/a enfermo/a". No hay cura cuando hay perversión y volverá a atacar a la misma u a otra/s víctima/s.

Los delincuentes sexuales de niñas y niños son grandes manipuladores de la voluntad de sus indefensas víctimas; son mentirosos, soberbios y seductores (Cornaglia, 2011). Son los lobos del cuento infantil "Caperucita roja", disfrazados en sus máscaras sociales, los "lobos disfrazados de corderos en el corral de la infancia" (Volnovich y Fariña, 2010). Lobos y cazadores que suelen elegir integrarse a espacios educativos o sociales donde tienen acceso a entablar relación con niñas y niños, lo que les permite estar socialmente cubiertos ante la mirada pública. No son "casuales" las crónicas policiales que dan cuenta de abusos sexuales a niñas y niños en clubes deportivos, jardines de infantes, grupos de exploradores. Eligen lugar, momento y "presa", porque para estos perversos/as niñas y niños son objetos de placer sexual y de poder omnímodo. Son amorales, no hay límites para ellos/as pueden quebrar la ley primigenia del incesto sin vergüenza, sin culpa, sin arrepentimiento. Ellos son y hacen porque la sociedad les permite con su no querer ver, no querer saber, no querer creer a esas niñas, niños y adolescentes que cuentan lo aberrante. La Justicia es su reflejo.

2. Argentina y sus casos emblemáticos

En Argentina existen casos emblemáticos del abusador sexual. Entre ellos, el del psiquiatra Jorge Corsi, el religioso Fernando Enrique Picciochi y el director técnico de fútbol Héctor (Bambino) Veira.

Jorge Corsi era hasta el momento de su condena por abusar sexualmente de un niño de 13 años (año 2008) considerado en ámbitos académicos como especialista en violencia de género y maltrato infantil, invitado de renombre a congresos nacionales e internacionales y autor de varios libros. Fue condenado a tres años de prisión. Corsi jamás admitió culpa alguna salvo para hacer uso de la estratagema jurídica penal que le permitió la reducción de su pena. En una entrevista periodística hace apología de la pedofilia diciendo: "ni la pedofilia ni la hebefilia son delitos. Delito es el abuso o la corrupción de menores... y luego advirtió que 'ni soy abusador, ni nunca he sido pedófilo ni hebéfilo'" (Fontevecchia, 2009).

El religioso católico Fernando Picciochi se desempeñaba como docente en el Colegio Marianista del barrio de Caballito de la ciudad de Buenos Aires. Cumpliendo esta función, abusa sexualmente de alumnos que tenían 13 años de edad durante un campamento de fin de curso organizado por la institución educativa en diciembre de 1989 y, luego, en 1990, en su sede porteña. Años después una de sus víctimas y sobreviviente a sus abusos, Sebastián Cuattromo, con 38 años de edad, lo denuncia penalmente logrando la condena judicial en todas las instancias (Diario *La Nación*, 2016). Este pedófilo negó los abusos sexuales cuando fue indagado, durante la instrucción de la causa. Su argumento fue: "No puedo entender cómo esta gente realiza estas denuncias. Por lo tanto, tiendo a pensar que buscan una actitud económica" (Diario *Página/12*, 2012).

Héctor (Bambino) Veira era un director técnico de fútbol con mucha fama. En el año 1987 viola al niño de 13 años Sebastián Candelmo[26] cuando pretendía le firme un autógrafo. Veira fue condenado pero a través de las vías recursivas judiciales logra que la Corte Suprema de Justicia de la Nación Argentina en el año 1992 le reduzca la pena a tres años de prisión. En la actualidad está libre y suele ser visto en programas de televisión. Jamás reconoció el abuso sexual, la violación al niño.

Estos tres agresores perversos eran personajes públicos, condenados por abusos sexuales a niños, que actuaban como impostores en actividades relacionadas con los derechos de los niños/as. Todos denotan una ausencia de culpa y una sostenida negación de sus actos abusivos, constituyendo el arquetipo de estos agresores perversos: *no reconocen nada y nada los detiene.* Ejemplos palmarios de cómo los agresores sexuales de niños/as se camuflan en roles sociales para engañar y construir una imagen pública mendaz. En el caso del religioso Picciochi, la gesta heroica de quien fuera víctima de sus abusos, Sebastián Cuattromo, permitió que no quedara el delito impune. Este es un ejemplo claro de lo que sucede cuando la Justicia es efectiva, cuando se quiebra la impunidad del delito de abuso sexual en la infancia. La víctima se convierte en sobreviviente recuperando su dignidad perdida por el delito y proyectándose con fuerza en su vida futura.

La mirada social es facilitadora de estos siniestros varones porque se seduce con las imágenes del *buen vecino, el intelectual brillante, el cura simpático, el buen padre de familia.* Vestimentas y personajes que estos perversos construyen de sí mismos para ocultar sus actos delictivos en la intimidad familiar o en los espacios donde sus únicos testigos serán sus víctimas. Es su juego de la *omnipotencia,* aquella que buscan al abusar de un niño/a. Y si la abusadora sexual de niños/as es una mujer, una madre a sus hijos/as, el mecanismo de simulación será idéntico, dar una buena imagen social y negar todo.

El abusador/a sexual es un amoral, "el desprovisto de sentido moral" (Real Academia Española, 2001). Carecen de límites en sus conductas para simular, manipular y distorsionar conforme sus

[26] Es una de las pocas veces en las que el nombre del niño víctima fue divulgado por todos los medios masivos de comunicación.

intenciones y deseos y como afirma Irene Intebi (1998) tienen una tendencia a negociar, proyectar, racionalizar y a minimizar. Los abusadores/as sexuales de niñas y niños gozan con su poder ilimitado sobre ese ser humano vulnerable. Son descriptos por Singer-Hussey y Strom (1993) como "sofisticados, calculadores y pacientes" (Vaccaro y Barea Payueta, 2009). Cazadores que eligen a su presa, su coto de caza serán los sitios donde habitan, trabajan, pasean, enseñan, allí donde circulen. Tienen otra condición destacada por María Cecilia López (2010): su *soberbia*.

Como sucede con el perfil de varones maltratadores de mujeres y niños estos hombres que abusan de niñas y niños son manipuladores. Engañan a las personas del entorno familiar y social acerca de los abusos que cometen, tergiversan hechos, plantan una imagen social de personas agradables, pacíficas, preparadas intelectualmente, con muy buen concepto entre familiares, vecinos y público contrastante con su realidad privada (Bancroft, 1998). Su rasgo preponderante de personalidad es la naturalización que realizan de sus actos abusivos y que cuando son confrontados *siempre* desmienten (Volnovich y Fariña, 2010).

Otro caso que tiene gran trascendencia social es el del sacerdote católico Julio César Grassi, quien fuera denunciado penalmente por abusar de jóvenes menores de edad alojados en la fundación que dirigía y condenado a 15 años de prisión. La última resolución que confirma la condena ha sido dictada en el año 2009 por la Suprema Corte de Justicia de la Provincia de Buenos Aires (Diario *El Día*, 2013). Esta condena no cuenta con sentencia firme porque ha sido recurrida por la defensa de Grassi ante la Corte Suprema de Justicia de la Nación Argentina, encontrándose a la fecha pendiente de resolución (24CON, 2013).

La opinión pública aguarda con especial expectativa la resolución final de este caso judicial. La resolución del más alto Tribunal de Argentina, sea que confirme o modifique la condena de las resoluciones judiciales precedentes, producirá efectos de alto impacto social. Grassi es un sacerdote católico que ha tenido gran exposición pública y mediática; fue asiduo concurrente de programas televisivos, y dirigió la conocida fundación "Felices los Niños", cuyos fondos administraba. Es un caso judicial en el que están centradas muchas expectativas sociales, tanto por parte de agrupaciones de víctimas de abusos sexuales en la Iglesia, como de profesionales comprometidos en la valoración y credibilidad de los relatos de las víctimas de los abusos sexuales de niñas, niños y adolescentes. En un artículo periodístico del año 2002, Grassi decía: "Todo lo que dicen son grandes mentiras. Soy inocente" (Diario *La Nación*, 2012).

3. Máscaras y ofensivas judiciales

Mi propia experiencia como jueza me permite confirmar en la práctica judicial esta realidad en los casos en que debí actuar frente a denuncias de abusos sexuales hacia niñas y niños: estos varones[27] NUNCA reconocen las denuncias ni los hechos abusivos que se les imputan. Se presentan en las audiencias con imágenes inofensivas o seductoras. Se sitúan en el rol de víctimas del complot de sus ex parejas y muchos de ellos suelen propagar esta imagen de sí mismos en redes sociales, instancias institucionales y medios de comunicación, atacando a su ex pareja y a todo profesional de la salud o funcionario judicial que valide las denuncias y actúe promoviendo la protección de sus víctimas. Suelen ser obsesivos en sus presentaciones judiciales, recurrir a estudios jurídicos importantes que se dedican a defender pedófilos y violentos y realizan ofensivas no solo en las actuaciones judiciales sino también por canales paralelos con denuncias variadas a sus ex parejas y también a funcionarios judiciales que creamos la veracidad del delito, que protejamos a la niña o niño y les impidamos todo contacto. Lamentablemente el sistema de justicia les facilita la tarea.

Por eso estos varones abusadores sexuales de niños/as son el gran negocio de profesionales del Derecho y la Psicología con ambiciones económicas y sin escrúpulos. Los proveen de trabajo y honorarios importantes. Así conformen un andamiaje defensivo de ataque sistemático a la madre denunciante en primer lugar, a todo perito psicóloga/o, asistente social, asesor/a de Menores, juez/a que obstaculice su camino al nuevo contacto con el niño/a, a su reivindicación social como padre de familia. Su real objetivo, aquel que tiene solapado, es esa niña/o del que ha abusado sexualmente para que no

[27] Nota de la autora: sin desconocer la existencia de abusos sexuales perpetrados por mujeres a niños/as, hasta la fecha no he intervenido en ningún caso judicial donde hubiere denuncia de abuso sexual o incesto perpetrado por una mujer.

hable, o si habló y contó, para que vuelva a ella/él el temor, la culpa y se retracte. Este camino de ofensiva judicial de estos varones incluye la recurrencia a integrantes de su familia para lograr el mismo fin oculto, ver y dominar a su víctima nuevamente. Así es como aparecen los abuelos paternos pidiendo regímenes comunicacionales con esa niña o niño. En todos estos años como jueza la inmensa mayoría de los casos judiciales donde abuelos piden ver a sus nietas/os son paternos y siempre en contexto de denuncias de incesto paterno-filial. Favorece a la estrategia defensiva de estos varones la fragilidad emocional y económica de sus ex parejas, las madres que denuncian el abuso sexual de sus hijos/as, quienes suelen dar la imagen de mujeres emocionalmente alteradas o abúlicas, permitiendo la incentivación del prejuicio patriarcal de los funcionarios/as de la Justicia. Y la gran mayoría de ellas no tiene caudal económico para pagar honorarios de abogados/as particulares, por lo que recurren a la defensa oficial, y tampoco pueden acceder, por las mismas razones, a instancias judiciales superiores[28] frente a resoluciones adversas.

Este desequilibrio notable entre varón denunciado por incesto y su ex pareja tiene su arista más importante e invisibilizada, la niña/o que está siendo protegida por esa madre, parte en el juicio, y no es reconocida como tal en la Justicia. Se acentúa esta realidad por la imagen seductora que suelen tener estos varones denunciados y, como se ha expresado anteriormente, por la tendencia patriarcal y misógina instalada en los ámbitos judiciales sobre estas mujeres de quienes se sospecha. Una mirada plagada de estereotipos que afecta a niñas y niños víctimas del delito cuando se menosprecian sus declaraciones y se cuestionan sus relatos para luego obligarlos a volver con su agresor aun contra su expresada voluntad y sin importar los diagnósticos de abuso sexual existentes ni los desbastadores efectos que implican para la niña o el niño ver a su abusador. Como plantea Irene Intebi (1998): "¿qué nos mueve a observar los hechos desde el punto de vista del niño o desde el punto de vista del abusador?". Existe un imaginario social que prefiere seguir pensando que solo abusan sexualmente de niñas y niños los desconocidos, los "viejos verdes", las personas con retardos mentales, los alcohólicos y los drogadictos. No pueden concebir que personas comunes y

28 Nota de la autora: me refiero específicamente a recursos extraordinarios ante la Suprema Corte de Justicia de la Provincia de Buenos Aires, en su caso, y ante la Corte Suprema de Justicia de la Nación Argentina.

corrientes, muchas de ellas con elevada imagen social puedan ser esos delincuentes. Por eso afirma Intebi (1998):

> Lo que inquieta del abuso sexual de niños es la forma en que esta realidad repercute en nuestro universo de certidumbres cotidianas; sería más tranquilizador encontrar evidencias exteriores de monstruosidad en sus autores. Deberían ser francamente diferentes a nosotros... lo cierto es que raramente estamos dispuestos a investigar por qué ciertas personas de apariencia normal cometen este tipo de acciones.

4. El llanto de Malenna

La sociedad no quiere ver su rostro más monstruoso. El abuso sexual en la infancia y el incesto son ese rostro. Varones agradables, cooperadores, de buen comportamiento, muy trabajadores que hacen todo para agradar y así esconder su perversión, su maldad. Ayuda el imaginario social que necesita ver rasgos desagradables en el abusador/a de niñas y niños para identificarlo/a y no puede concebir que sean personas "normales" aceptables socialmente. Como si el desdoblamiento de las conductas no fuese un rasgo característico directamente proporcional a la peligrosidad de los delincuentes. Es la falsa ilusión del mundo adulto de creer en las apariencias, de caer en las manipulaciones tras las "buenas formas". Y como contracara de este mundo adultocéntrico, la personalidad de una niña, de un niño. Como dice María Cecilia López (2013):

> [...] esos pequeños seres con muy poca capacidad psicomotriz y verbal, pero con un enorme instinto para sobrevivir a las peores circunstancias. Y cuando sienten que ya no pueden solos, nos piden ayuda de mil maneras distintas, desde el peor de los berrinches hasta los más sutiles mensajes a través de sus dibujos.

La sociedad adulta teme saber del abuso sexual a niñas y niños y siempre ha dado mayor credibilidad al adulto con buena imagen social. Es más fácil creer la mentira elaborada del adulto que la verdad transparente, sin especulación ni condicionamiento de una niña o de un niño sobre hechos que conmocionan. Exige también trabajo enfrentarse con esa palabra del niño/a, estudiarla, comprender su idioma en gestos, sonrojos, balbuceos, silencios, dibujos y juegos.

Es siempre más cómodo creer la mentira del adulto. Los "locos y los niños/as dicen la verdad" dice el refrán popular; la sociedad tiene pavor a saber ciertas verdades que solo ellos/as pueden evidenciarnos.

Y allí está esa niña/o abusado, violado, sin dignidad porque nadie le creyó. En una entrevista a una de esas víctimas, que padeció una feroz exposición pública desde su adolescencia, Sebastián Candelmo –hoy Malenna Candelmo– quien fuera violada por uno de los abusadores emblemáticos mencionados anteriormente, Héctor (Bambino) Veira, se puede vivenciar algo del inmenso dolor de quien cuando niño no fue creído, ni respetado en su tragedia y su dignidad tanto por la sociedad como por la Justicia. Así describe el periodista (*Revista Gente*, 2014) a quien hoy es Malenna Candelmo:

> Malenna se arregla el pelo. Con la mano derecha se acomoda las extensiones e intenta taparse la cara. Y con la izquierda se limpia las lágrimas que le brotan incontrolables. El llanto será una constante a lo largo de toda la nota. A pesar de que está sentada en el sillón del comedor de su casa, ninguna posición le parece cómoda. De fondo, en la pared que da a la calle, cuelgan dos cuadros con fotos de cuando tenía 2 años. Los retratos, amarillentos por la humedad, muestran a un niño sonriente jugando en un parque. Su nombre es Sebastián Candelmo, no Malenna. Es el chico que el 17 de octubre de 1987, cuando tenía 13 años, sufrió un intento de violación –según dictaminó la justicia– por parte de Héctor Bambino Veira. Esa terrible tarde su vida cambió para siempre. Y este presente así lo demuestra: hoy está sentado frente a nosotros con la cara maquillada, una reciente operación para colocarse siliconas, y minifalda. Hoy Sebastián Candelmo es un travesti.

Capítulo 10

Indefensiones y negocios en la Justicia

1. La “industria” de la defensa de pedófilos

El descreimiento de los relatos de niñas y niños de los abusos sexuales, los prejuicios que cuestionan a la mujer que denuncia, la ideología patriarcal que necesita la reivindicación social del "padre de familia" ante el incesto expuesto y la ideología foránea del pretendido Síndrome de Alienación Parental conforma el actual entramado revictimizante de niñas y niños en el sistema de justicia. Esta realidad y práctica judicial ha generado una estructura corrupta facilitadora de una "industria de la defensa de pedófilos". Industria conformada por estudios de abogados/as, profesionales de la salud (psiquiatras y psicólogos/as) y funcionarios/as judiciales *corrompibles* accionando de manera cuasi articulada en la maquinaria defensiva de estos "padres" denunciados por incesto. Varones abusadores de niños/as que necesitan de sus servicios para lograr su impunidad y contraatacar a la ex pareja denunciante y a los niños/as (de maneras solapadas) ¿Qué buscan? Recuperar el control sobre su ex mujer y sus hijos/as. Impunidad-control, sus dos fines. Varones pedófilos y agresores que en estas circunstancias son pródigos para abonar honorarios de profesionales en la consecución de sus fines y cuando disponen de medios económicos y poder son sumamente codiciables para los mercenarios del Derecho, la Psicología y la Psiquiatría.

El beneficio de esta industria judicial pro abusadores de niños/as es para ambas partes: los varones denunciados tienen las mejores defensas para lograr sus cometidos y los estudios de abogados y profesionales de la salud que trabajan para estos casos (psiquiatras, psicólogos) logran ingentes ingresos económicos y el sistema de justicia les facilita el trabajo; estos "clientes" serán una fuente proveedora de dinero en toda época y más aun cuando el ejercicio profesional es económicamente difícil.

Una característica notable de esta industria defensiva judicial de abusadores de niños/as (también de violentos) es la agresividad de sus presentaciones judiciales y sus ofensivas paralelas al propio proceso judicial: la maquinaria de denuncias si un funcionario/a judicial no resuelve lo que esperan o contra peritos o profesionales de la psicología que validen las denuncias del abuso sexual y/o los relatos de niñas y niños. Instalan frente al obstáculo judicial la proliferación de denuncias (ante las corporaciones profesionales, judiciales) contra cualquier funcionario o profesional que obstaculice su camino hacia la impunidad de su cliente o hacia la recuperación del control sobre ex pareja e hijos/as. A mayor compromiso ético, fundamentación y solidez de la actuación del funcionario judicial o del profesional, más fuerte será la reacción y por variadas vías comenzará el ataque sistemático con sus denuncias. En esas instancias, si tienen caudal económico, recurren a profesionales costosos y de renombre que les son funcionales, sin contemplar honorarios y gastos.

La avidez económica de algunos profesionales del derecho y la salud, y la ideología patriarcal imperante en Tribunales se conjugan para facilitar esta industria judicial de la defensa de pedófilos; les facilita la cruenta acción contra las víctimas del abuso sexual o incesto y contra todo aquel que las defienda. Es la intención última de estos siniestros varones y sus acólitos con títulos universitarios y muchas veces lustres académicos, el mandar socialmente un mensaje de miedo al que se atreva a develar el incesto y el abuso sexual de niños/as. Amedrentar con las consecuencias que pueda sufrir en su vida personal y profesional a quien tenga el coraje de defender a estas víctimas del delito de abuso sexual en la infancia y a quienes denuncian estos delitos. Aniquilando profesionalmente a uno de ellos/as se pretende instalar la idea que su fuerza es infranqueable, que nadie puede contra ellos, que frente a estos delitos contra niñas y niños es mejor estarse callado, mirar hacia otro lado y seguir en la cómoda posición del "no escucho, no veo, no hablo".

La causa del abuso sexual de niñas y niños, dentro y fuera de las familias, es heroica porque las criaturas son silenciadas y cuando hablan las tratan de "alienadas". De la misma forma con que atacan a quienes les creen y denuncian (sus madres). La represión mediante la maquinaria de las denuncias es una señal dada socialmente para amedrentar no solamente a las víctimas del abuso sexual en la infancia y el incesto sino a todo aquel que desde la Administración de Justicia o como profesional independiente de la salud promueva la efectiva protección a estas víctimas. El mensaje es claro: "si das crédito al relato de las víctimas del abuso sexual en la infancia, serás atacado con denuncias en el ámbito de tu trabajo y vida privada". Saben que las corporaciones profesionales tienden a no comprometerse con quienes sostienen la credibilidad de los relatos de abusos sexuales de niñas y niños y por el contrario protegen a quienes siguen promoviendo ideologías semejantes al falso SAP.

2. Una perspectiva de género ausente

La mirada con "perspectiva de género" en la justicia de hoy es excepcional. La realidad es su ausencia y un sistema que permanentemente cuestiona la veracidad de la palabra de niñas y niños en el abuso sexual y reprime con mecanismos judiciales a sus madres protectoras y denunciantes. Cuenta Kathleen Faller (Volnovich, 2008) que en un diálogo con Louise Armstrong, una pionera en crear conciencia sobre el problema del abuso sexual en la infancia, le dio esta respuesta sorprendente:

> Dijo que luego de dar una charla, había sido encarada inmediatamente por una enfermera, que le planteó su inquietud acerca de la posibilidad de que su ex esposo estuviera abusando de su hija durante las visitas. Armstrong le aconsejó que no dijera nada a las autoridades acerca de su preocupación por el abuso sexual, sino que se trasladara de la costa este a la costa oeste de Estados Unidos donde probablemente podría conseguir un buen trabajo. Me sorprendió muchísimo que ella no confiara en que el sistema legal respondería adecuadamente a las preocupaciones de la enfermera sobre el abuso sexual. Desde entonces, he llegado a comprender la respuesta.

La justicia se sustenta en su capacidad de reparar en la vida de los ciudadanos el daño ocasionado por el delito. Cuando no se cree en la justicia se genera la idea primitiva de la venganza personal o la evasión legal. La legitimidad del acto justo está dada en que permite, dentro del caos promovido por el delito, la construcción de la paz en la vida de esas personas. Las estigmatizaciones y prejuicios en los ámbitos del Derecho sobre las víctimas del abuso sexual propician la actual impunidad de estos delitos.

Las doctoras Salanueva y Zaikoski Biscay (2015) evidencian los notables prejuicios en el ámbito judicial sobre las mujeres-madres denunciantes:

> En las representaciones sociales se sostiene aquellas imágenes de la mujer como un ser que debido a su irracionalidad y pasionalidad está llamado a lograr lo que se propone por cualquier medio (Larrauri, 2008) así los imputados (a quienes siendo hombres les corresponde la parte jerarquizada de la dicotomía sexual y por lo tanto son seres racionales) recrean la imagen de la mujer rencorosa o vengativa, "que se las cobra" contra ellos, cuando intentan neutralizar la responsabilidad por los hechos delictuosos. En estos casos la mujer generalmente madre de las víctimas inventa o crea una situación para perjudicarlos [...].

Estas mujeres suelen no tener acceso a defensas especializadas gratuitas, debe considerarse que muchas de ellas son asimismo víctimas de violencia económica y carecen de los medios económicos para acceder a las vías recursivas judiciales en instancias superiores. Sufren asimismo el constante hostigamiento judicial de las defensas de estos agresores y, como he expresado, el sistema de justicia lo permite produciendo una revictimización institucional continua de niñas y niños. El sistema permite estos atropellos a derechos humanos de mujeres y niños/as y coloca en un sitial de privilegio y protección al victimario. La consecuencia inmediata es el desamparo de los niños/as y sus madres protectoras. Se plasma un oscurantismo actual judicial que coloca como en el medioevo a estas mujeres en el personaje de "brujas". Aquellas que han tenido las agallas para creer los relatos de sus hijos/as, denunciar el incesto y defenderlos contra el agresor y todos/as los/las que los protegen institucionalmente.

3. La máscara de la muerte roja

La cadena de complicidades con los pedófilos es amplia y se da tanto en el sistema de justicia como también en muchas corporaciones profesionales que permiten y facilitan sus crónicas denuncias y por contrapartida no sostienen a sus integrantes más comprometidos éticamente: los abandonan a su suerte. Por eso el varón denunciado por abuso sexual hacia niños/as que se encubre en su rol paterno no es el único criminal frente a esa niña o ese niño abusados. La red de sus cómplices es amplia y diversa. Estos son resultados dramáticos de la aplicación al sistema de justicia de ideologías y prácticas judiciales que deben ser visibilizadas para poder cambiarlas; para ajustar y hacer coincidir ciencia del Derecho y Derechos Humanos en la Justicia.

A la sociedad le gusta actuar como Pilato y lavarse las manos frente a las denuncias de abusos sexuales dentro de la familia o fuera de ella. Se piensa ajena al drama y no ve que lo que afecta a una niña o a un niño nos afecta a todos los que vivimos en esta sociedad. Un abusador sexual impune seguirá abusando y circulará en nuestras vidas "limpio"; cualquiera de nuestros hijos/as, nietos/as, sobrinos/as, vecinos/as pequeños/as, cualquier niña o niño pueden ser su nueva víctima. Pareciera que la tragedia solo toca la puerta de esas mujeres denunciantes y sus hijos/as, no vemos que está a nuestro lado "bailando", como en el cuento de Edgar Allan Poe, "La máscara de la muerte roja". Así describía Edgar Allan Poe la siniestra presencia:

> [...] Y, entonces, la música cesó, como ya he dicho, y apaciguáronse las evoluciones de los danzarines. Y, como antes, se produjo una angustiosa inmovilidad en todas las cosas. Pero el tañido del reloj había de reunir esta vez doce campanadas. Por esto ocurrió tal vez, que, con el mayor tiempo, se insinuó en las meditaciones de los pensativos que se encontraban entre los que se divertían mayor cantidad de pensamientos. Y, quizá por lo mismo, varias personas entre aquella muchedumbre, antes de que se hubiesen ahogado en el silencio los postreros ecos de la última campanada, habían tenido tiempo para darse cuenta de la presencia de una figura enmascarada que hasta entonces no había llamado la atención de nadie. Y al difundirse en un susurro el rumor de aquella nueva intrusión, se suscitó entre todos los concurrentes un cuchicheo o murmullo significativo de asombro y desaprobación. Y luego, finalmente, el terror, el pavor y el asco [...].

Pero sucede que cuando se nos acerca y toca nuestra puerta ya es tarde...

Capítulo 11

In dubio pro infante

1. La "marca de Abel"

John P. J. Dussich[29] (2006) dice que la palabra "víctima" tiene sus raíces en muchas lenguas antiguas que cubrían una gran distancia desde el norte de Europa occidental hasta el extremo sur de Asia y sin embargo tenían un patrón lingüístico semejante: *victima* en latín; *wih, wíhi* en el antiguo alto alemán; *vé* en nórdico antiguo; y *Vinak ti* en sánscrito. Y refiere que la palabra "victimología" como un término académico se compone de dos elementos: uno de ellos es la palabra latina *victima* y el otro es la palabra griega *logos* que significa un sistema de conocimiento, la dirección de algo abstracto, la dirección de la enseñanza, la ciencia, y una disciplina. Expresa Dussich (2007) que Abel, el hermano asesinado por Caín en la historia bíblica es el símbolo de la primera víctima y ha sido invisibilizado. Dice que siempre se ha hablado de la "marca de Caín" y debiéramos hablar de la "marca de Abel", la víctima que sobrevive y se fortalece a sí misma. Así lo expresa:

> Quizás es tiempo de crear una nueva metáfora para representar a la víctima que ha sufrido y ha sobrevivido, la víctima que es más sabia por sus experiencias, la víctima que no se siente desamparada, la víctima que ahora está empoderada, recuperada y restaurada. Dejemos que la "marca de Abel" sea nuestro distintivo de coraje. Rechacemos las imágenes de personas solamente heridas, retraídas y desamparadas… Abracemos y proyectemos estas nociones positivas de que las víctimas pueden lidiar con su adversidad, pueden superar sus daños y en su mayoría emergen más fortalecidas a raíz de sus padecimientos. ¡Esa es la Marca de Abel!.

[29] John P. J. Dussich, profesor asociado, Departamento de Criminología de la Universidad Estatal de California, Fresno. Creador del concepto de defensor de la víctima. Fundador y secretario general y ex presidente período 2006-2009 de la Sociedad Mundial de Victimología fundada en Munster, Alemania en 1979.

Dussich y otros como él, integrantes de la Sociedad Mundial de Victimología, han sido los gestores e impulsores de una mirada focalizada en la víctima del delito y en sus derechos en todo proceso judicial penal. En el año 1985 es promulgada en forma unánime por la Asamblea General de la ONU de la Declaración de Principios Básicos de Justicia para Víctimas de Delito y Abuso de Poder. Este documento es conocido como "La Carta Magna de los Derechos de la Víctima". Coloca a la víctima del delito en un lugar preponderante, activo en los procesos penales y como expresa Dussich (2007): "Se le dio Voz a los silenciados". Su declaración de principios se centra en los derechos de la víctima del delito al acceso a la justicia, al trato justo, al resarcimiento, la indemnización y la asistencia social. Promueve la protección de aquellos miembros de la sociedad en estado de mayor vulnerabilidad (Melup, 2007). Esta Declaración de Principios cuando se refiere al Acceso a la Justicia y al Trato Justo dice: "Las víctimas serán tratadas con compasión y respeto por su dignidad. Tendrán derecho al acceso a los mecanismos de la justicia y a una pronta reparación del daño que hayan sufrido según lo dispuesto en la legislación nacional". Y destaca asimismo la necesidad de procedimientos "expeditos, justos, poco costosos y accesibles" (Naciones Unidas, 2007).

Se incluye en el concepto de víctima a quienes integran la familia de la víctima y que sufren daños por asistirla en el peligro o para su victimización. Considero relevante evidenciar que en el delito de abuso sexual en la infancia la aplicación del concepto de víctima comprende, además de a la niña o niño, al pariente no abusador que protege a la niña o niño y denuncia ante la Justicia. Y en el específico caso del incesto paterno/materno-filial la madre/padre no abusador/a que se aleja del perpetrador, protege al hijo/a y denuncia penalmente es, junto a esa niña o niño otra víctima del incesto. Como se ha mencionado anteriormente, en la inmensa mayoría de los casos judiciales de familia donde emerge el incesto es paterno-filial y son las madres de los niños/as agredidos/as quienes denuncian ante la Justicia. La tragedia actual del sistema de justicia es precisamente que estas mujeres no son consideradas ni tratadas en los procesos judiciales civiles o penales como lo que son junto a sus hijos/as abusados sexualmente: *víctimas del incesto*. Se observa un maltrato institucional hacia quienes debieran ser acompañadas, contenidas y sostenidas por el sistema de justicia no solo por ser ellas mismas víctimas del incesto, por haber sufrido generalmente violencia de género del perpetrador del incesto, sino porque en ellas se sostiene la víctima directa, la niña/o abusado sexualmente. La mirada institucional judicial hacia ellas está plagada de prejuicios. La impronta judicial gira en torno a la sospecha de sus relatos y su denuncia por lo cual todo el engranaje procesal tanto en el ámbito de Tribunales de Familia como Penales se mueve alrededor de la "inocencia" de ellos (los padres y adultos denunciados por abusos sexuales). Esta impronta judicial también contribuye a la estigmatización y sospecha crónica sobre quienes son las víctimas (niñas, niños, adultos protectores en el caso del abuso sexual y madres protectoras en el caso de incesto paterno-filial). Es por lo tanto la revictimización institucional la regla en el sistema de justicia actual tanto en sus vertientes penal como civil, frente a los delitos de abuso sexual en la infancia dentro o fuera de la familia. Esto produce el resultado actual de impunidad y avasallamiento sobre los derechos humanos de niñas, niños y de adultos y madres protectoras/es en este delito.

En el proceso penal también es aplicable en igual medida que en el proceso civil la Convención Internacional sobre los Derechos del Niño, no solamente cuando el niño o niña están en contravención con la ley penal sino también cuando son víctimas de delitos. Se observa que no suele aplicarse la CIDN ni privilegiarse la mirada sobre la integridad de la niñez afectada por el delito, siendo que el principio de inocencia es del niño/a por sobre el del imputado. Nadie más "inocente" que un niño/a. Es una prevalencia que no suele ser aplicada en las prácticas judiciales penales por la mirada adultocéntrica que da mayor credibilidad y protección al adulto imputado, ignorando *a niñas y niños por su edad*. La dinámica procesal penal suele estar atravesada por laberínticos caminos de formas y procedimientos donde en delitos como el abuso sexual en la infancia las buscadas "certezas" probatorias favorecen a los perpetradores y dan como resultado escandalosas absoluciones sustentadas en el principio de la duda. Procesos en los que los avezados abogados/as penales que defienden a estos delincuentes se aprovechan de institutos jurídicos para un ataque sistemático hacia todo vestigio de actuación que acerque al juez/a a la mirada hacia la verdad relatada por el niño/a. Incluso una creación tan loable como la ley 25.852 impulsada por el juez Carlos Rozanski, que instala la modalidad de

Cámara Gesell[30] para la entrevista en sede penal de niñas y niños, también es objetivo de artilugios legales procesales para manipular su desarrollo o peor aún, impedirla. Todo gira en el proceso penal sobre el principio *in dubio pro reo*, cuando en delitos cuyas víctimas son niños/as y por aplicación de las normas internacionales que protegen sus derechos humanos debiera utilizarse el principio *in dubio pro infante*. El proceso penal es actualmente funcional a las defensas de los abusadores sexuales de niños/as y la impunidad es la regla.

2. Discursos jurídicos y abusos sexuales

Las doctoras Salanueva y Zaikoski Biscay (2015) dirigieron una investigación sobre 300 sentencias dictadas en delitos contra la integridad sexual por las Cámaras Criminales de La Pampa, Argentina que abarca los años 1995 a 2010. Este estudio plasmado en un libro evidencia la ideología que impera con relación a este tipo de delitos y que se encuentra subyacente en los discursos jurídicos. Observan que las resoluciones judiciales son cada vez más elaboradas y extensas, con un lenguaje jurídico denso, proliferación de citas bibliográficas y fundamentaciones incluso en Derecho Internacional de Derechos Humanos pero con la misma interpretación reduccionista sobre los hechos de abuso sexual. Más sofisticación en la forma, pero en su fondo ideológico siguen con la misma ideología del pasado. Se siguen requiriendo pruebas acerca de las víctimas: que no consintió, o si se trata de una niña/o que no esté mintiendo o fabulando en sus relatos de abuso. Analizan también las dinámicas procesales de desequilibrio entre el denunciado por abuso y las víctimas, niñas y niños. Principios rectores como el del interés superior del niño en sede penal son ignorados por la mayoría de las defensas de los imputados e invisibilizados en el proceso. Describe esta situación Anabel Surin (Salanueva y Biscay, 2015), una de las colaboradoras en la investigación:

> A la par que existen profesionales que tienen en cuenta el denominado "interés superior del niño" por sobre la causa penal, abogados del imputado tratan de desechar el testimonio

[30] Recinto conformado por dos ambientes separados con o sin vidrio de visión unilateral, los cuales cuentan con equipos de audio y de video para la grabación de la entrevista del niño/a con la/el perito psicólogo.

del niño/a como prueba fundamental para incriminar al abusador. (Al respecto son numerosas las técnicas de neutralización que utiliza el victimario y su defensa técnica. Hay una asimetría de poder no solo en la relación entre abusador y abusado/a sino entre las consideraciones que el sistema punitivo tiene para con el victimario y con la víctima. Ambos son sujetos de derechos, a ambos el sistema jurídico les proporciona garantías a sus derechos, pero en la práctica esta igualdad no es efectiva. En ninguna de las sentencias del período 2008 a 2010 se alude ni siquiera tangencialmente a los instrumentos internacionales sobre los derechos de las víctimas, como por ejemplo los *Principios fundamentales de justicia para víctimas de delitos y abuso de poder* (ONU, 1985). O las *Directrices de justicia en asuntos concernientes a los niños víctimas y testigos de delitos* del Consejo Económico y Social (ONU, 2005).

Todas estas pautas y prácticas arraigadas en los procedimientos judiciales se observan en forma generalizada en otras jurisdicciones y especialmente cuando son denuncias de abuso sexual en la infancia. La experiencia demuestra cómo en todos los ámbitos de la Justicia niñas y niños son menospreciados como ciudadanos, cómo se sigue estigmatizando a sus madres si han denunciado delitos de sus ex parejas. Prejuicios patriarcales, misoginia y soberbia de poder de funcionarios de la Justicia y profesionales de la salud que generan situaciones de maltrato institucional, una revictimización de la infancia abusada sexualmente y/o maltratada dentro y fuera de la familia.

El juez Carlos Rozanski (2002) lo expresa de manera contundente:

> Es sabido que la existencia de normas protectoras por sí solas no garantiza nada. Por debajo de esa formalidad garantista, subyace una realidad contradictoria y cruel que a diario deja perplejo al observador. Frente a una prédica legal que honra a la infancia, se erige esa realidad que deshonra. Como se desprende de lo hasta aquí dicho, las niñas abusadas son maltratadas a diario por prácticas contradictorias con las leyes protectoras en vigencia. Numerosos obstáculos tanto personales como institucionales frenan la aplicación concreta de las normas, siendo la ideología de muchos de quienes deben actuar ante casos de abuso, la principal barrera. A su vez, la ideología se encuentra impregnada de numerosos mitos, estereotipos y prejuicios de género, que con frecuencia

> se traducen en la aplicación de dobles estándares para la orientación de las investigaciones y que mediante "razonamientos inversos" fundamentan decisiones finales no solo contrarias a derecho, sino además profundamente injustas.

3. Vulnerabilidad versus impunidad

En el punto de tensión entre los derechos del imputado y los del niño/a durante el proceso judicial penal debiera darse relevancia a los del niño/a; por el contrario, la solución más frecuente de los tribunales para resolver esta tensión es a favor del derecho del imputado. La justicia penal vulnera constantemente en su trato a niñas y niños víctimas de incesto o abuso sexual infantil, hay desconsideración a su vulnerabilidad emocional, a su trauma. No son cuidados ni respetados en las actuaciones judiciales. Diferente es el trato que se da al imputado; todo gira sobre su derecho de defensa. La absolución de los abusadores sexuales de niños/as es la conclusión del proceso penal y el "tiro de gracia" del sistema de justicia a los derechos humanos de esos niños/as maltratados institucionalmente. La propia figura de "delito de instancia privada" de los abusos sexuales favorece esta situación de impunidad y maltrato. La instancia privada deja el impulso y control probatorio procesal penal como así también a los distintos operadores intervinientes en manos de funcionarios judiciales (fiscales y asesores/as de Menores) que muchas veces actúan con desidia y/o prejuicio. No se entiende ni dimensiona el proceso angustioso que ha precedido el relato del abuso sexual de esas niñas o niños, de lo contrario no tendría explicación el hecho de hacerlos concurrir reiteradamente a Tribunales para volver a repetir y vivir lo que les duele y no comprenden. Para esa niña/o relatar el abuso sexual es traumático, como lo es para toda víctima vulnerable relatar lo padecido. Dice Hilda Marchiori (2014):

> El relato de la vivencia del delito es un acto traumatizante, es una estructura compleja que comprende aspectos individuales, familiares, sociales y culturales. La dimensión del relato de la víctima, las dificultades en verbalizar un hecho traumatizante significan en sí mismas comprender la situación de sufrimiento –de vulnerabilidad– que provocó el delito. El relato es recordar la vivencia de la victimización, los rostros

> y actitudes agresivas, tomar conciencia del riesgo pasado y los sufrimientos padecidos durante el delito.

Si la niña o niño es muy pequeña/a este estado de vulnerabilidad y silencio se agrava ante la insuficiencia en su lenguaje verbal, dado que su indefensión es extrema. Los mayores atropellos judiciales suelen plasmarse en estos casos por la limitación del lenguaje en el/la único/a testigo del delito: el niño/a. Todas las vertientes siempre conducen a un mismo camino, hay que creer cuando una niña/o relata los abusos sexuales y si por su edad no puede hacerlo deben ser evaluados todos los otros indicadores del abuso sexual. Como expresa Zaikoski (2015): "ni la más amplia imaginación infantil alcanza para sustentar los relatos de las víctimas de los hechos de abusos. Lo principal para empezar a prevenir la comisión y la impunidad en este tipo de delitos es creer en los niños/as".

Jerarquizar el valor probatorio del relato de una niña o un niño acerca del abuso sexual y la interpretación de todas las constancias probatorias a la luz de ese relato infantil y/o todo indicador del abuso sexual es hacer efectivos en el proceso judicial los artículos 3, 12 y 19 de la Convención Internacional sobre los Derechos del Niño y hacer efectiva una justicia restaurativa y reparatoria del daño ocasionado en esas vidas humanas por estos delitos.

La palabra de una niñas y niños está integrada por las otras expresiones que trascienden largamente el mero registro de la palabra y conforman la semiótica de la infancia: el juego, el dibujo, el modelado, entre otras (Volnovich, 2008). Es en este aspecto sumamente valioso el avance en los estudios e investigaciones de profesionales de la psicología como María Cecilia López en su búsqueda para desentrañar en esas otras expresiones de la niñez sus emociones, sentimientos y traumas como el abuso sexual. Es el inicio de un indispensable camino hacia la comprensión del lenguaje de la infancia. Los dibujos, los juegos son las manifestaciones más naturales del lenguaje de niñas y niños donde puede encontrarse aquello que con la palabra no pueden llegar a verbalizar por su edad o por la envergadura de su trauma. Cuando María Cecilia López (2014) analiza la significación de los juegos para niñas y niños dice:

> Confundidos/as y desorientados/as suelen sentirse más a gusto en el mundo de los muñecos/as y juguetes, un mundo en donde pueden poner sus propias reglas, impartir justicia, encarcelar a los malos y premiar a los buenos, vengarse,

> cumplir sus deseos, recuperar la dignidad perdida. En el juego, ellos, que han sido convertidos en objetos de placer de otro, vuelven a constituirse en humanos... Entender lo que le pasó, eso es lo que un niño/a exige a su juego, eso es lo que un niño/a suplica que le expliquen sus juguetes, sus muñecos. El juego cura los recuerdos dolorosos.

Debemos avanzar en este camino de búsqueda y encuentro con el sentir de niñas y niños para que puedan expresarse cuando los han dañado. Indagar desde ciencias como la psicología, la psicopedagogía y la psiquiatría las formas de comunicación de la niñez, ayudarlos en la interpretación de su lenguaje para mostrar su confusión, su dolor frente al abuso sexual y así poder salvarlos de sus agresores quebrando su estado de impunidad.

4. Imprescriptibilidad del delito de abuso sexual en la infancia

Debiéramos saber quienes actuamos en la Justicia que la memoria de dolor en el abuso sexual en la infancia no concluye en la infancia o con el transcurso de los años; dura toda la vida de esa persona y solo puede comenzar a cicatrizar a partir del momento en que se relatan los hechos y se logra justicia. Por eso también es necesario resaltar la indispensable imprescriptibilidad de este delito.

Desde la perspectiva del tiempo, en su estudio sobre los delincuentes sexuales de niñas y niños el médico y perito forense Carlos Cornaglia (2011) destaca que a pesar de todas las medidas que se puedan aplicar en los delitos contra la integridad sexual "es imposible garantizar que el riesgo de reincidencia desaparezca y el tratamiento al ofensor puede durar toda la vida". En coincidencia opina Marcelo Altamirano (2011) al analizar los abusos sexuales intrafamiliares:

> [...] puedo afirmar que las agresiones sexuales intrafamiliares hasta su detección, por lo general, son reiteradas, hecho que señala sin dudas que el agresor sexual conocido de la víctima reitera su conducta y la extiende por largos períodos de tiempo. Dicho de otro modo, en los abusos sexuales intrafamiliares hasta que el hecho es descubierto pueden pasar años y el delincuente reitera su agresión.

Existe asimismo una faceta que no se quiere visibilizar: el estrecho vínculo entre el abuso sexual en la infancia con la prostitución, la trata y la pornografía con niños/as. Es ese el mercado que precisa de cuerpos infantiles para su goce y consumo (Volnovich, 2008). Se trata de niñas, niños y adolescentes vulnerados por el abuso sexual que los ha cosificado con la finalidad de ser captados por estas mafias. Por lo tanto en este tipo de delito el tiempo no puede ser un facilitador de impunidad. Las víctimas de estos delitos deben tener durante todo el trayecto de su vida la posibilidad de relatar, denunciar y obtener reparación judicial. El abuso sexual en las infancias afecta nuestra condición humana en sus raíces, como integrantes de una humanidad que pretende ser desarrollada y en evolución. Miles, millones de niñas y niños prisioneros de la perversión y el silencio, víctimas amordazadas por el delito más atroz e impune. La única reparación posible para una víctima de abuso sexual en la infancia es por medio de la justicia y para ello el tiempo no debe quebrar esa posibilidad. Son los nuevos postulados internacionales de derechos humanos los que van marcando la impronta que debe seguir la justicia y el derecho en el siglo XXI. En la protección y contemplación de las personas vulnerables y su acceso a la justicia se destacan las 100 Reglas de Brasilia dictadas en la XIV Cumbre Judicial Iberoamericana y un axioma: "Una justicia que proteja a los más débiles".

5. Inocencias

El Digesto de Ulpiano expresa: *Satius esse impunitum relinqui facinus nocentis quam innocentme damnari" (Es preferible dejar impune al culpable de un hecho punible que perjudicar a un inocente)*. Es una concepción de la "inocencia" en la cual la mirada es sobre el perjuicio, el daño que se ocasiona al "inocente" dentro del sistema penal. El proceso penal es regido por el principio de inocencia del acusado del delito. En otro lugar están sus víctimas. Se plantea un estado de duda en el cual la balanza de la Justicia, cuando hay del otro lado una niña o un niño, se desequilibra en su contra. Un estado de duda en el que por contracara se busca la certeza en las pruebas poniendo en primer lugar la inocencia del imputado *in dubio pro reo*; y al inocente, es decir al niño/a, no se le cree. El abuso sexual en la infancia es un delito donde el principio utilizado debe ser el de *in dubio pro infante*, el centro de todo el proceso debe ser ese niño/a. Frente a un delito en el cual es el único testigo y en el que no suele haber marcas físicas, no hay más certeza que el relato de la propia víctima. Una niña/o que a veces tiene muy poca edad apenas puede hacer uso del lenguaje, tiene miedo, no comprende lo que le han hecho. No existen certezas en un delito cuyo perpetrador sabe simular, esconder los abusos sexuales sin señales hacia el afuera. Un delito en el que la conducta de víctima y victimario no encuadran en las conductas esperadas, los perpetradores del abuso sexual de una niña/o pueden ser personas muy inteligentes, profesionales, personajes con poder. La niña/o puede no mostrar dolor al relatar los abusos sexuales, puede tener conductas de agrado hacia un padre que la abusa sexualmente. Nada es lo que parece y las circunstancias desorientan a funcionarios de la Justicia preparados para otro tipo de delitos, que no incluyen a niñas y niños. Conmociona saber que personas agradables, de buena posición económica, exitosas en su profesión, puedan ser esos depredadores sexuales. Es un delito de lo humano siniestro y su víctima es inocente por antonomasia: una niña, un niño. Kafka, en su célebre novela *El proceso*, nos lleva junto al Señor K por laberínticos e infernales recovecos de la burocracia. Una suerte de entramado que confunde, desvía, paraliza, agobia y en última instancia concluye en una nada. Cuando un niño/a ha podido revelar el abuso sexual padecido, cuando un adulto ha creído en él/ella y ha recurrido a la Justicia y ese niño/a es revictimizado una y otra vez en innumerables entrevistas ante operadores judiciales, al percibir la constante desconfianza a su relato, cuando se facilita al denunciado y su defensa un andamiaje de estrategias e incidencias para desarticular la palabra del niño/a cuando ha relatado los hechos abusivos y pasa el tiempo y ve a su agresor impune, sin consecuencias por sus actos, el proceso judicial es para esa niña, para ese niño, el infierno de Kafka; y el niño/a, su víctima sacrificial. Juezas/ces, abogados/as, asesores/as de Menores, peritos forenses, fiscales, cuando no miramos hacia ese niño/a, no le creemos, no ayudamos a que pueda expresarse y permitimos actos judiciales que los revictimizarán, somos culpables junto a su agresor.

Capítulo 12

Abuso sexual en las infancias y explotación sexual de niñas y niños

1. Cuerpos dóciles como objeto sexual

El abuso sexual de niñas y niños prepara el terreno para su explotación sexual y su prostitución, es la "punta del ovillo", el hilo conductor que lleva a las redes mafiosas que sobre cuerpos de niñas y niños hacen sus negocios. Un niño/a abusado sexualmente ha sido cosificado y es susceptible de ser objeto de comercialización sexual. Un abusador sexual de una niña/o es abusador de otros y también eventual cliente de prostitución, trata y pornografía.

Según UNICEF (Chawla, 2015) cada dos minutos un niño está siendo preparado para la explotación sexual; 1,2 millones de niños son objeto de trata cada año. Este número excluye a los millones que ya están cautivos por el tráfico. UNICEF también informa que aproximadamente 30 millones de niños han perdido su infancia a través de la explotación sexual en los últimos 30 años. Las personas son víctimas del tráfico en 127 países y son explotadas en 137 países según las Naciones Unidas. En Estados Unidos existen aproximadamente entre 100.000 y 150.000 esclavos sexuales desde el año 2001 y entre 14.500 y 17.500 víctimas son traficadas cada año. En la mayoría de los casos, la edad media de la prostituta o la víctima explotada es de entre 12 y 13 años de edad. Un estudio de la Universidad de Pennsylvania estima que casi 300.000 jóvenes estaban en riesgo de ser explotadas sexualmente con fines comerciales y muchas de ellas son niñas de 5 y 6 años de edad. Por otra parte América Latina ocupa el segundo lugar en el mundo en ser destino para las mujeres víctimas de la trata. Los traficantes sexuales tienden a reclutar a niñas y niños, ya que son más confiados que los adultos, pero también hay una gran demanda de jóvenes víctimas.

A medida que se avanza en los estudios sobre las víctimas de abuso sexual en la infancia se van descubriendo nuevos traumas que van dejando a niñas, niños y adolescentes en estado de gran vulnerabilidad para ser captados por estas redes mafiosas. El abuso sexual en la infancia produce en la vida de sus víctimas adicciones severas, trastornos de alimentación, depresión, intentos suicidas, esquizofrenia. El avance de la ciencia sobre sus daños es constante. En esta sociedad donde las mafias, interconectadas entre sí, de narcotráfico, trata, prostitución y pornografía sobre niñas, niños, adolescentes, jóvenes y mujeres han ampliado sus redes delictivas en el mundo, todo niño/a, todo adolescente, todo joven y toda mujer vulnerable es presa fácil.

2. Explotación sexual e historias de abusos y violencias en la infancia

La Oficina de Naciones Unidas contra la Droga y el Delito en su investigación del año 2009 sobre el delito de trata (UNODC-NACIONES UNIDAS, 2009) concluye que la mayor parte de las víctimas tienen una historia anterior de abuso u otras formas de violencia y/o son literalmente engañadas utilizando situaciones de vulnerabilidad como la pobreza, bajo nivel educativo y estados de incapacidad. Y expresa que uno de los factores que favorece el acercamiento del tratante es su relación de poder o confianza con la víctima. Puede tratarse de sus padres, hermanos, tíos, abuelos, entre otros, o personas cercanas del trabajo, el centro de estudio o el vecindario. En el caso de niñas y niños son sus padres quienes usualmente son abordados por los tratantes para tener acceso al niño, niña o adolescente. En casos donde he debido intervenir como jueza ante denuncias de violencia familiar o abuso sexual en la infancia emergieron situaciones de explotación sexual de niñas/os facilitada por sus cuidadores (madres, abuelas, padres) a adultos para consumo sexual. Una intervención relacionada a alguna denuncia de maltrato de esa madre, de abuso sexual de alguno de sus hijos/as o la desaparición de una hija me ha llevado a visualizar la explotación sexual. La prostitución infantil se nutre de estos contextos familiares donde hay violencia y abuso sexual hacia los hijos/as. Los habitantes de toda localidad grande o pequeña lo saben. Saben de niñas/os abusadas/os sexualmente por sus padres y que los prostituyen, saben de locales comerciales que son habilitados como whiskerías, cabarets, bares, pubs dentro de la ciudad o en las rutas de acceso a la ciudad donde se explota sexualmente a mujeres, niñas, niños y adolescentes sin ningún control del Estado. Saben de la corrupción y complicidad de funcionarios municipales, policiales, sanitarios y judiciales.

Niñas y niños con historias de abuso que serán proclives a caer en las adicciones y que cuando habitan en la marginalidad económica y social serán presa de estas redes delictivas; frágiles frente a una sociedad depredadora para la infancia y la adolescencia. En los entramados burocráticos judiciales y en la escasa credibilidad que se da al relato de las víctimas se suelen amparar los abusadores sexuales, los proxenetas y explotadores sexuales de seres humanos. Delitos que son flagelo de la sociedad, que se amparan y camuflan constantemente para evadir la ley y ser impunes, que tiene como víctimas a mujeres, jóvenes, adolescentes, a niñas y niños, que comete en ellos/as los actos más crueles y aberrantes, que los/las usa y descarta sin registro de sus personas. Víctimas despojadas de su derecho humano a una vida digna y amorosa. Seres humanos torturados. Una víctima que aun si tiene la suerte de ser rescatada ha quedado quebrada en su integridad emocional y física y en su proyecto de vida. Ante delitos de tan terribles consecuencias, no puede el Estado más que actuar en todas las instancias y con todos los resortes institucionales para combatirlos y hacer efectiva la investigación. Es la complejidad y la red de complicidades institucionales lo que ha permitido la impunidad de este tipo de delitos.

Según la Relatora Especial del Consejo de Derechos Humanos Yakin Ertürk (2008): "uno de los mayores problemas que se advierten en estos temas es la invisibilización de la explotación sexual cuando no opera la captación y el traslado para ser configurada como 'trata'".

Quien en su infancia o adolescencia ha sido víctima de abuso o violación sexual queda en estado de vulnerabilidad, propicio para volver a ser víctima de otros delitos. Los proxenetas, los pedófilos, las mafias de la prostitución, la trata y la pornografía y el narcotráfico buscan y se nutren de esa vulnerabilidad.

3. Los clientes, consumidores de la esclavitud del siglo XXI

La existencia de prostitución y trata de niñas, niños, adolescentes, y mujeres está dada por la necesidad y demanda de sus consumidores: abusadores sexuales. El abuso sexual en las infancias es una "verdadera usina de la prostitución y la trata" (Volnovich, 2008).

Sin demanda no hay oferta. Por eso es necesario hacer visibles a quienes abusan sexualmente de seres humanos en estado de vulnerabilidad en su grado máximo, niñas y niños. La impunidad de un abusador sexual de una niña o un niño se sustenta en la poca credibilidad que se da a su palabra en la Justicia y en la sociedad. El abuso sexual en la infancia promueve el territorio para el delito de prostitución y la trata de seres humanos. La impunidad en el abuso sexual en la infancia es la impunidad de la explotación sexual de niñas, niños, adolescentes, jóvenes y mujeres.

El abuso sexual en la infancia ocurre con una frecuencia estremecedora y como dice Irene Intebi (1998): "lo único que conseguiremos mirando para otro lado es que se siga perpetuando generación tras generación". La niña/o abusado sexualmente queda expuesta/o a cualquier otro tipo de maltrato y delito. Por eso una de las puntas del iceberg de los delitos de prostitución, pornografía y trata es el abuso sexual a niñas y niños.

La explotación sexual de seres humanos es consecuencia de una sociedad con mentalidad patriarcal, donde la violencia de género es un flagelo social, donde se descree del relato de las víctimas, donde el dominio económico, la credibilidad social está en el agresor y su manipulación de las apariencias.

Es el rol devaluado de niñas, niños y las mujeres en la sociedad permite que puedan seguir siendo consideradas/os como objetos, que puedan en consecuencia ser violentadas/os sexualmente, explotadas/os, prostituidas/os y ser fácilmente susceptibles de transformarse en "oferta" de la industria sexual.

Cecilia Lipszyc (2012) expresa que la prostitución tiene su base en un sistema cultural sexual que sustenta la demanda de sexo sobre un objeto sexual subordinado y dócil, que desaparece en tanto sujeto y cuya propia sexualidad resulta negada. Dice que es una de las formas más extremas de violencia de género. Es una de las formas más extremas de maltrato a la infancia. Tortura de seres humanos en estado máximo de vulnerabilidad.

El Instituto Interamericano del Niño de la OEA analiza que las actitudes autoritarias, la mentalidad patriarcal, el machismo y la sumisión de la mujer, son condiciones todas que determinan el rol y el lugar de la mujer en la sociedad latinoamericana. Y expresa que en este contexto la mayoría de las víctimas que son violentadas sexualmente, prostituidas y explotadas son mujeres, muchas de ellas adolescentes y aun niñas. Concluye que en consecuencia la posición que ocupan las mujeres, las adolescentes, las niñas y los niños degradados, y la actitud de los hombres que participan en calidad de victimarios constituyen uno de los elementos claves de la explotación sexual.

Por todo esto es necesaria la mirada integradora con perspectiva de género y de transformación, con intención de ir al fondo de la problemática social, a la violencia ejercida sobre mujeres y niños/as que las/los convierte en territorio vulnerable para todo tipo de delito. La impunidad es la realidad de los delitos de abuso sexual en la infancia y de explotación sexual y trata de mujeres y niñas/os. Es necesaria la visibilización de los abusadores/as sexuales, de pedófilos, "clientes", consumidores de mujeres y niñas/os como objeto de dominio y uso. Es necesario el quiebre de este circuito impune. Una impunidad que exacerba, retroalimenta, y potencia al agresor, y como contracara deja a seres humanos a merced del agresor, padeciendo los actos más aberrantes y de sometimiento de su voluntad, destruyendo su cuerpo, su psiquis y su dignidad humana.

Hay una interrelación entre el abuso sexual, el incesto y la explotación sexual de niñas y niños, adolescentes, jóvenes y mujeres. Todos estos delitos en los que las víctimas han sido cosificadas, sus derechos humanos han sido arrasados y tan poca credibilidad se da a sus declaraciones en los procesos judiciales. Por eso la impunidad en estos delitos sexuales es complicidad y corrupción. Por eso es en la voz de sus víctimas, de su familia, en la actuación de los Organismos de Derechos Humanos, de las ONGs, de los/las profesionales, operadores y ciudadanos comunes comprometidos que estos delitos son denunciados, divulgados ante la opinión pública, haciendo que las víctimas no se sientan tan solas y desamparadas. Es gracias a su invalorable impulso, a su coraje extremo que se ha ido avanzando, que se obliga a la sociedad a mirar donde no quiere mirar. Por eso también la responsabilidad que a cada uno/a le toca en esta lucha contra aquellos que abusan sexualmente, secuestran, torturan, esclavizan y desaparecen a niñas, niños, adolescentes, jóvenes y mujeres. No podremos evolucionar como sociedad humana si no miramos en esa dirección y asumimos con valor y con intención, cada uno en su rol social, su compromiso inalienable con la niñez. Y es **hoy** que se debe actuar, que cada uno en su rol debe actuar.

Capítulo 13

Algunas historias de la impunidad

1. "Las locas"

Juan[31] tenía 9 años cuando su mamá denuncio en el juzgado el incesto de su padre. En esos tiempos como jueza desconocía lo que con los años fui aprendiendo, era ignorante y como muchos/as dentro de la Administración de Justicia desconfié de la madre y su denuncia. Los antecedentes conflictivos en ese caso judicial, donde la madre de Juan siempre había obstaculizado todo posible contacto de su padre, sus características de personalidad conflictiva, la conducta contraria del padre, instalaron en mí la sospecha sobre ella y sobre la veracidad de su denuncia de incesto. A pesar de mis dudas resuelvo suspender todo contacto de Juan con su padre (mi postura siempre ha sido no forzar al niño/a a ver al padre contra su voluntad). Juan demostraba expresamente su negativa a cualquier contacto. En esos momentos comienza a estar en auge entre abogados y jueces la corriente de pensamiento acerca de las madres que influían en sus hijos inventando denuncias de incesto con el único fin de vengarse de su ex pareja, no dejarles ver al niño/a, y hacerles daño usando al niño/a como medio (ideología SAP impulsada por el artículo de Cárdenas). Como siempre me ha interesado el tema de la niñez y sus derechos he estado siempre abierta a aprender sobre el tema y participar de toda jornada o congreso que lo tratara. Así fue que estando el caso judicial de Juan en pleno trámite, concurro a un congreso internacional sobre maltrato y abuso sexual a la niñez que se realizaba en Capital Federal. En ese Congreso, con innumerables ponencias, una de ellas era dada por una fiscal y una médica pediatra especialista en abusos sexuales. Estas dos profesionales nos comparten a aquellas/os[32] que habíamos concurrido

[31] Todos los nombres utilizados son de fantasía para resguardo de las verdaderas identidades de sus protagonistas.

[32] Nota de la autora: en todos estos años de concurrencia asidua a jornadas y congresos sobre derechos de mujeres y de la niñez he comprobado que la presencia masiva es de mujeres, la de varones es ínfima según mi propia experiencia.

a escucharlas sus experiencias dificultosas en la intervención de casos de abusos sexuales a la niñez, especialmente en los casos de incesto paterno-filial. Explicaban las presiones que debían sufrir cuando validaban los relatos de niñas y niños o detectaban (en el caso de la médica) indicadores específicos de la existencia del abuso sexual. La ofensiva era de los padres denunciados, sus abogados y de funcionarios judiciales. La médica nos confesó que en su caso por ese compromiso era muy probable que en poco tiempo la despidieran de sus funciones por obra de esas presiones y denuncias en su contra. Durante el transcurso de sus exposiciones, en un momento dado, cuando se encuentran relatando los avatares de niñas y niños abusados sexualmente en Tribunales y hablan de las madres denunciantes del incesto, ambas coinciden en decir que ellas las llamaban "las locas". Recuerdo que ante nuestros rostros de sorpresa ellas se miraron en alegre complicidad y nos explicaron que las llamaban así porque eran mujeres que se mostraban histéricas, agresivas, peregrinaban de dependencia en dependencia judicial y/o en todo organismo donde pudieran ser escuchadas pidiendo se protegiera a sus hijas/os del padre abusador. El calvario judicial y el trauma del incesto de sus hijas/os producía en estas mujeres su apariencia exterior de desequilibrio emocional y sus conductas mostraban rasgos de locura. En nuestra vida hay instantes donde algo que vemos o escuchamos produce el efecto interior de un estruendo, así fue para mí en ese instante, de golpe como en un flash al escuchar a estas profesionales vi a la madre de Juan, era esa la imagen que teníamos de su madre, era la "loca". Eso me produjo la certeza de que el abuso sexual del padre a Juan, denunciado por su madre, era real y su conducta obcecada y temperamental era producto de su desesperación ante los avances constantes del agresor, y al sentirse no creída en la Justicia. Allí no solo tuve la íntima convicción de la existencia del abuso sexual del padre a Juan sino que cambié en mis prejuicios hacia su madre, aquella que contra vientos y mareas judiciales lo había defendido; ella merecía el respeto más profundo por sus agallas. El padre de Juan no pudo lograr en ese proceso judicial las visitas o contacto que pretendía. En el ámbito penal, no hubo una condena penal hacia este hombre, fue sobreseído por falta de pruebas; como en la inmensa mayoría de los casos donde he intervenido hasta hoy como jueza civil los abusadores sexuales de niñas y niños son sobreseídos penalmente o a lo sumo por los vericuetos procesales penales logran penas ínfimas y siguen circulando por la ciudad cruzándose con sus víctimas.

Pasaron los años, fui evolucionando en mi aprendizaje sobre el abuso sexual en la infancia y el incesto. Un día se presentan en el Juzgado de Paz de Villa Gesell Juan y su madre, él tenía 16 años de edad, a solicitar un/a defensor/a oficial. Juan, con la representación legal de su madre por su minoría de edad, viene a solicitar medidas de protección porque en el instituto escolar donde concurría a realizar sus estudios era docente su padre y no quería encontrarse con él. Expresa el trastorno emocional que le producía verlo y plantea su decisión de querer continuar sus estudios en ese Instituto escolar porque allí había logrado integrarse bien y tener su grupo de amigos. Solicita una orden judicial de restricción de acercamiento. Relata también en su presentación judicial la postura negativa de las autoridades de la institución escolar ante su pedido, le responden que deben respetar el derecho a trabajar de su padre denotando no creerle. Como primera medida judicial decido fijar una audiencia para poder escuchar personalmente a Juan. El día de la audiencia se presenta Juan y con gran serenidad y lucidez me cuenta cómo todos estos años había estado cambiándose de institución escolar a medida que aparecía su padre como docente y que esta vez no quería hacerlo más. Que había logrado encontrar un lugar para sus estudios donde se sentía cómodo, integrado y con un grupo de compañeros a quienes apreciaba. Describe el tormento de emociones que le producía cada vez que había visto a su padre "cuando lo veo me siento como un animal". Esa mezcla de ira, impotencia y dolor de todo niño abusado sexualmente por quien debía haberlo cuidado y amado. Cuenta que cuando fue a plantearlo ante las autoridades del colegio lo minimizaron y rechazaron su pedido argumentando que no podían limitar el trabajo de su padre. Por esta negativa es que recurre a la Justicia. Cuando él me cuenta su historia, los años transcurridos desde esa antigua intervención mía como jueza, pensé en el inconmensurable dolor que debió sentir cada vez que se cruzaba en la ciudad con su verdugo en su disfraz de padre. Un docente socialmente aceptado que él sabía era un perverso y no había consecuencias frente al daño que le hizo de niño. En esta presentación Juan con sus 16 años se plantaba en defensa de su dignidad, mostraba entereza y fuerza. Asumía por sí mismo una actitud reparatoria: no iba a resignar otra vez un espacio que había logrado construir venciendo las circunstancias que acontecieron en su historia personal. No iba a dejar que otra vez lo avasalle quien había sido su padre. Ahora el Juan adolescente rescataba al otro

Juan, el niño abusado sexualmente y se convertía en su defensor. Resolví ordenar a la restricción de acercamiento como Juan lo pedía y la orden a las autoridades escolares de que dispusieran lo que hiciera falta para hacerla efectiva.

Esta historia es un fiel reflejo de lo que produce la impunidad en el delito de abuso sexual en la infancia y el incesto en la vida de un niño, su madre y también en la sociedad. A Juan lo pude proteger del contacto con su padre cuando era un niño pero al estar impune su delito no pudo ser protegido por la Justicia de verlo en las calles, en los colegios donde concurría y peor aún sentir que quien lo había dañado tanto seguía su vida diaria como si nada hubiera pasado. Fue la contención y fortaleza de su madre la gran impulsora para que pudiera seguir adelante con su vida, aquella a quien nadie creía cuando era un niño. En lo personal, a mí como jueza me enseñó que cada día hay que aprender algo nuevo, sacarnos ideas preconcebidas, prejuicios y así con humildad se evoluciona.

2. Padre de familia

María tenía 4 años cuando su padre abusaba sexualmente de ella, se lo había balbuceado a su abuela materna mientras la bañaba. Su padre era hijo de un hombre muy poderoso y con gran caudal económico en la ciudad de Villa Gesell. La madre de María denuncia el incesto en un proceso judicial donde el padre pedía un régimen comunicacional para ver a su hija. Ante la denuncia del delito decido suspender en forma inmediata todo contacto entre padre e hija. En ese momento creía que mi decisión iba a ser naturalmente avalada por el Tribunal de Alzada y por todo el sistema de justicia. Supe luego que estaba equivocada. A partir de esa decisión comenzó una avanzada del padre denunciado de incesto y sus abogados con incidencias, recursos a instancias superiores, presiones y denuncias hacia mí como también a otras funcionarias judiciales actuantes en el Fuero de Menores de ese tiempo y Penal, que me mostraron dramáticamente que no se creía el relato de la niña y en cambio sí se daba certeza al relato negador del padre denunciado. Pude sostener la prohibición de acercamiento y contacto del padre con la niña a pesar de todo. En la esfera penal este hombre logró acogerse al beneficio pensado para las impunidades, el juicio abreviado y se le dio una pena de tres años. Hoy María ya es una adolescente, su padre, un abusador sexual de niños/as, volvió a formar otra pareja y tiene otro hijo y sigue viviendo en la ciudad de Villa Gesell. Trato de imaginarme qué sentirá María cuando se encuentra con su padre por la calle libremente, con su nueva pareja y su hijo.

3. "Él filmaba"

La madre de Gimena y Lucila inicia en el Juzgado un pedido de protección contra el padre de las niñas y su ex pareja por amenazas y violencia de género, relatando antecedentes de denuncias penales por abuso sexual cuyas víctimas eran las dos niñas. Esta mujer se había mudado hacía unos meses con las niñas a Villa Gesell, donde había conseguido un trabajo estable y ellas se encontraban ya cursando sus estudios. Resuelvo inicialmente la fijación de una audiencia con las niñas. Eran dos niñas de corta edad, Gimena tenía 10 años y Lucila 5. Cuando tengo el encuentro con Gimena ella primero se mostraba muy callada y reacia a cualquier diálogo, logra decir que estaba cansada de contar, que ya lo había hecho muchas veces. Con sutileza, paciencia y ganando su confianza se va logrando que pueda relatar algo de lo vivido. Su padre, a quien llamaba por su nombre, David, un día con personas de su familia y amigos irrumpe en su casa cuando ella y su hermana estaban "tomando la leche" con su mamá y las "roba" (término que usa). Habla de un lugar donde el padre las llevaba, donde había otras personas, las hacia desnudar, las tocaba y menciona que un hombre tenía una cámara filmadora. Nos cuenta que ella todo eso ya se lo había contado a otro juez en el lugar donde antes vivían y que la había retado, le había dicho que era una mentirosa y que estaba fantaseando. Nos dice que las obligaban a ver a su padre en un lugar feo con otras personas, donde no podía estar su mamá, y que ellas lloraban porque no querían verlo pero no les hacían caso. Al finalizar de manera espontánea dice: "hace años que estamos pidiendo justicia, pero no nos dan bola, la policía no nos ayuda". Después de escucharla a Gimena entra su hermana menor Lucila. Me sorprendo porque aunque tenía menos edad podía relatar lo vivido con mayor facilidad. Con su rostro serio nos pudo decir: "Él filmaba... el chico malo quería hacernos cosas feas, yo y mi hermana estábamos ahí, nos tocaban la cola... estaban los amigos de David y miraban". Es en ese instante cuando ve que yo no estaba anotando nada de lo que me estaba diciendo, me mira muy seria y me dice: ¿no lo vas a anotar? ¿Lo recordás como yo lo recuerdo?

Dicté la medida de protección judicial de restricción de acercamiento solicitada por la madre de las niñas. Otros jueces habían intervenido antes y habían forzado encuentros supervisados entre el padre y las niñas. En la causa penal se lo sobreseyó por falta de prueba. Sus actos de perversión relatados por ambas niñas no tuvieron consecuencias. El monstruo sigue acechando, está libre. ¿Quién en la Justicia le puede responder a Lucila su pregunta?: "¿Lo recordás como yo lo recuerdo?".

4. Ella miente

Cuando el padre de Beatriz vino al Juzgado estaba vencido en el dolor. Su hija de 15 años había sido violada y pedía medidas de protección para ella y su familia contra el violador. Cuenta que supo la terrible noticia por una vecina. Nos relata que una amiga de su hija una tarde lo va a buscar y le dice: "papá quiere hablar con vos, tiene que contarte algo grave". Se viste apresuradamente y acompaña a la joven hasta su casa. Cuando entra se encuentra con la madre de la joven y ve también a su hija Beatriz. Allí le da la mujer la terrible noticia: habían violado a Beatriz y sabían quién era pero no querían decírselo por temor a lo que pudiera hacer. Fueron juntos a la Comisaría de Villa Gesell e hicieron la denuncia penal. En el trayecto a la Comisaría le fueron explicando lo que había sucedido a su hija. Un día que su hija por la tarde iba caminando, se para un auto conducido por un hombre a quien su hija conocía como profesor de actividades gimnásticas y se baja junto a otros dos hombres y la suben por la fuerza al vehículo y adentro había otros dos hombres. Al subirla al auto le dan una golpiza, pierde el conocimiento y solo se recuerda tirada en una vereda con los signos de haber sido violada. No quiso ir a su casa en ese estado y acude a la casa de su amiga, no quería contarle a su padre porque él conocía a quien ella identificaba. Tiempo antes ya su padre la había defendido por actitudes de acoso y manoseos de este hombre y las autoridades del lugar donde trabajaba no le habían creído ni realizado ninguna acción contra el acosador. Ese era el que la había atacado sexualmente junto a los otros hombres a quienes Beatriz no pudo reconocer. Resolví la protección de persona y restricción de acercamiento solicitada por el padre de Beatriz. Muchos en la ciudad no creyeron en la violación prefirieron, como suele suceder, creer en la imagen pública del violador tras su fachada social. Ella era joven, era linda, era hija de gente de trabajo, "seguro mentía". El padre de Beatriz sigue activando la causa penal hasta hoy sin condena. No pudo pagar abogado para ser querellante, le pedían por honorarios tanto dinero que ni con su sueldo entero podía pagarlos. El violador identificado por ella sigue en su actividad y relacionándose socialmente sin problemas. Beatriz ha quedado en estado de vergüenza, miedo y vulnerabilidad, teme salir a la calle. La vida de Beatriz no podrá recomponerse sin condena a quienes la violaron. Su padre ha sido quebrado, no pudo proteger a su niña querida. El reloj de sus vidas se ha parado en el dolor y lo más terrible es descubrir la complicidad de una sociedad que sigue festejando al violador y a los sospechosos de ser sus secuaces y que no les ha creído. La impunidad en la Justicia no le ha dado a Beatriz ni a su padre la posibilidad de recuperar su dignidad y la paz.

Relato solo alguna de las historias de víctimas de abuso sexual en la infancia, un delito que arrasa la inocencia, la alegría de un/a niño/a, un/a adolescente, un/a joven un/a adulto/a porque el recuerdo ha quedado como marca de fuego y altera todo el entorno afectivo que les cree cuando cuentan y los/las protege. La Justicia cuando han podido acudir y relatar los abusos es su única posibilidad de reparación en la condena a quien los/las ha dañado. Cada historia es una entre millones de otras historias de impunidad en la Justicia.

Dolor constante, impotencia, y traición.

CONCLUSIÓN

El Derecho es Humanidad, es Amor, solo desde allí puede hacerse justicia. En cuestiones que afectan a niños/as no rigen dogmatismos, es el territorio donde se debe afinar la sensibilidad humana, la intuición y la empatía; con la mira puesta en ellos y su derecho humano a ser felices, si por felicidad concebimos el poder crecer y evolucionar con contención afectiva y emocional. Niñas y niños son titulares de derechos fundamentales, son ciudadanos primordiales de una nación *–así debería ser–* amparados por tratados internacionales. Deben ser respetados en sus derechos ante el Estado, la sociedad y la familia. La sociedad declama acerca de los derechos de niñas, niños y adolescentes (porque hablar de niños/as es hablar de adolescentes), pero en el terreno de las prácticas concretas, saltan escollos, preconceptos, prejuicios, burocracias que entrampan, complicidades que los afectan y los terminan reafirmando en su espacio como víctimas. Mucho es el daño que se les puede ocasionar desde la ignorancia y la inoperancia. Es determinante la manera en que el "oír" al niño/a se constituya en una protección efectiva frente a su agresor. Es en la instancia judicial donde el actuar institucional resulta determinante para proteger al niño/a víctima. Pareciera que el sistema fuera favorecedor del adulto y no del niño/a, que resulta "prudente" creer al adulto y dudar de la palabra y el sentir del niño/a. Niñas y niños siempre nos enseñan y nos seguirán enseñando que la verdad de un hecho es clara, que la confusión es herramienta usada por los adultos y que muchas veces las argumentaciones intelectualmente "brillantes" son meros laberintos dialécticos para ocultar la verdad o peor aún, como en estas ideologías enancadas en el falso SAP que erige una perversa mentira en verdad. Una niña o un niño no mienten; ni su cuerpo, ni su palabra muchas veces balbuceante, ni su mirada, tienen artilugios, ni las manipulaciones intelectuales y gestuales de la mentira. Es atributo del humano adulto su capacidad de mentir, ocultar, simular. Niñas y niños tendrían que ser protagonistas privilegiados de todo el sistema de normas de derechos humanos y paradójicamente se observa la inoperancia de los organismos creados para protegerlos y de la sociedad en su conjunto que no "mira" hacia su lado, y se encuentra anestesiada frente a la realidad de tantas/os niñas y niños víctimas de delitos sexuales, de maltrato físico, abandono en todos sus grados. *No mira ni exige.*

Una sociedad que se conmociona ante la noticia de la muerte cruenta de un niño o una niña a manos de adultos, el secuestro y tortura de una niña o de un niño, pero que no activa con su conducta comprometida en la esfera que le corresponde los cambios necesarios para evitar esas trágicas muertes. La emoción que se agota en sí misma es solo fuego de artificio, chispazo y estruendo. Es el desafío moral del derecho de estos tiempos el *ahondar en la "verdad" de niñas y niños,* en el respeto por su palabra, y en la protección de su madre cuando decide creerle y ejercer su rol en todo el sentido, que ese niño necesita; del profesional psicólogo que diagnostica apoyando el testimonio infantil, de todo docente o médico comprometido que escucha su confesión y denuncia. Las instituciones deben acompañar y contener al niño/a y a su madre, y a todo adulto y profesional que denuncia el atropello a su integridad. Es en esta búsqueda que debe propenderse a modificaciones trascendentes para que la verdad coincida con la justicia.

Abusar de una niña o de un niño es "matar su alma". Un niño/a es una fuente inagotable de creatividad y libertad, y es una semilla de cambio. Niñas y niños que han sido víctimas de abuso sexual y no han podido encontrar "justicia" en sus vidas al delito más horrendo cometido sobre la integridad humana (porque el abuso destruye cuerpo y espíritu de un niño) nos confrontan con todo el sentido del Derecho y la Justicia en esta sociedad.

Palabra sin sustento en la praxis es palabra vacía, por más engalanada que se encuentre. Los cambios solo se producen cuando van las palabras unidas intrínsecamente a los hechos que expresan. Hablar de Derechos del Niño/a, es hablar de respeto a su integridad física, emocional, y que si es víctima todo el andamiaje jurídico funcione para protegerlo/a y para que su agresor no quede impune. Irene Intebi (1998) nos plantea: "Para los chicos, ¿cuál es la solución ideal? ...que se les crea; que el mundo de los adultos –sobre todo las personas más allegadas–, valide sus percepciones y que tome partido".

Comprometernos, involucrarnos y creer en ellos/as, eso nos piden niños y niñas. Porque la verdad siempre está de su lado. Miremos en sus ojos, transitemos el camino que nos encuentre con su sentir, en sus silencios, sus gestos, sus dibujos, sus juegos y sus palabras. Castiguemos a quienes los han quebrado en sus infancias con el delito más siniestro. Construyamos con amor y respeto una Justicia para niños y niñas. Una Justicia de realidad, no de fantasía.

Bibliografía

Aguilar Cavallo, G. (2008): "El principio del interés superior del niño y la corte interamericana de derechos humanos": *http://www.cecoch.cl/website/www.cecoch.cl/uploads/pdf/revistas/2008-1/elprincipio11.pdf*

Alegre, S.; Hernández, X.; Roger, C. (2014): "El interés superior del niño. Interpretaciones y experiencias latinoamericanas". UNICEF: *http://www.sipi.siteal.org/sites/default/files/sipi_publicacion/sipi_cuaderno_05_interes_superior_nino.pdf*

ASAPMI (2009): "Revinculación-Valoración del relato del niño. Críticas al SAP": *http://asapmi.org.ar/publicaciones/jurisprudencia/articulo.asp?id=817*

Aucia, A.; Barrera, F.; Berterame, C.; Chiarotti, S.; Paolini, A. y Zurutuza, C. (2011): *Grietas en el Silencio*. Rosario, Cladem.

Bancroft, L. (1998): "Entendiendo al golpeador/violento en las disputas por tenencias y visitas": *http://www.asapmi.org.ar/publicaciones/articulos/articulo.asp?id=766*

Bancroft, L. (1998): "Understanding the batte er in custody and visitation disputes": *http://www.leadershipcouncil.org/1/pas/2.html*

Bancroft, L. (2002): "El golpeador como padre": *http://www.asapmi.org.ar/publicaciones/articulos/articulo.asp?id=529*

Bancroft,L.(2015) "You Are Their Mother" *http://lundybancroft.blogspot.com.ar/*

Bancroft,L.(2016) "Misconceptions About the Family Courts" *http://lundybancroft.com/child-custody-justice/misconceptions-about-the-family-courts/* Barea Payueta, C. (2012): *El Maltratador. Como ex marido y como padre*. Barcelona, Ediciones Consuelo Barea.

Beloff, M. (s/f): "El menor de edad víctima en el proceso judicial". En: *Acceso a la justicia de niños/as víctimas*. Unicef: *http://www.unicef.org/argentina/spanish/OriginalLibroVictimas.pdf*

Berlinerblau (2014) "Un fallo que contempla la función clínica reparadora del derecho." *Revista Jurídica de Derecho de Familia,* Buenos Aires, Marzo 2014. Ed.Abeledo Perrot.

Bidart Campos, G. (1999): *Las transformaciones constitucionales en la postmodernidad*. Buenos Aires, Ed. Ediar.

Bordelois, I. (2003): *La palabra amenazada*. Buenos Aires, Ed. Libros del Zorzal.

Bringiotti, M. y Raffo, P. (2010): *Abuso sexual infanto-juvenil. Prevalencia y características en estudiantes universitarios de la Ciudad de Buenos Aires*. Buenos Aires, Revista de Derecho de Familia n° 46 julio/agosto 2010. Ed. Abeledo Perrot: *http://www.asapmi.org.ar/images/fichas/ASI%20%20art%C3%ADculo%20Derecho%20de%20Flia.pdf*

Cadoche, S.; Chiavarini, A. y Ferreyra, G. (2002): *Violencia Familiar*. Buenos Aires, Rubinzal Culzoni Editores.

Calvi, B. (2005): *Abuso sexual en la infancia*. Buenos Aires-Rosario, Ed. Lugar.

Carbajal, M. (12 de agosto de 2012): "El largo camino hacia la justicia". Buenos Aires, diario *Página/12*: *http://www.pagina12.com.ar/diario/sociedad/3-200860-2012-08-12.html*

Carbajal, M. (22 de abril de 2013): "Otra versión sobre la polémica de los abusos". Buenos Aires, diario *Página/12*: *http://www.pagina12.com.ar/diario/sociedad/3-218521-2013-04-22.html*

Cárdenas, E. (2000): "El abuso de la denuncia de abuso". Revista *Diario La Ley*. Buenos Aires, Ed. La Ley.

Chawla, A. (2015): "The Disturbing Reality of Human Trafficking and Children": *http://www.huffingtonpost.com/allison-chawla-/disturbing-reality-human-trafficking_b_8831834.html*

Cillero Bruñol, M. (1997): "Infancia, autonomía y derechos: una cuestión de principios". En *Infancia,* Boletín del Instituto Interamericano del Niño, OEA. *http://www.inau.gub.uy/biblioteca/cillero.pdf*

Cillero Bruñol, M. (1999): "El interés superior del niño en el marco de la convención internacional sobre los derechos del niño", Unicef: *http://www.unicef.org/argentina/spanish/ar_insumos_PEJusticiayderechos1.pdf*

Cisneros, G. (s/f): "La presunción de inocencia. De la Declaración Universal de los Derechos Humanos al Sistema Mexicano de Justicia Penal": *http://www.ijf.cjf.gob.mx/publicaciones/revista/26/RIJ26-12DMartinez.pdf*

Cornaglia, C. (2011): *Abuso sexual de menores. Criminal plaga.* Córdoba, Alveroni Ediciones.

Diario *Clarín* (2014): "En el mundo, una de cada tres mujeres sufre agresiones": *http://entremujeres.clarin.com/genero/violencia_domestica_ONU_0_1334272221.html*

Diario *Clarín* (5 de septiembre de 2014): "Unicef: hay 120 millones de chicas violadas en el mundo". Buenos Aires: *http://www.clarin.com/mundo/ninas-violadas-informe-unicef-violencia-infantil_0_1206479685.html*

Diario *El País Global* (2013): "Informe Global OMS. Una de cada tres mujeres es víctima de violencia física o sexual de su pareja", 26 de abril: *http://esmateria.com/2013/06/20/una-de-cada-tres-mujeres-es-victima-de-violencia-fisica-o-sexual-de-su-pareja/*

Diario *La Nación* (2008): "Un reconocido psicólogo, preso por pedofilia". Buenos Aires, 24 de julio: *http://www.lanacion.com.ar/1033073-un-reconocido-psicologo-preso-por-pedofilia*

Diario *La Nación* (2012): "SOS padres: La batalla por los hijos". Buenos Aires, 22 de abril: *http://www.lanacion.com.ar/1466674-sos-padres-la-batalla-por-los-hijos*

Diario *La Nación* (2016): "Abusó de menores en un colegio y más de 20 años después la Corte lo condenó". Buenos Aires, 29 de marzo: *http://www.lanacion.com.ar/1884337-abuso-de-menores-en-un-colegio-y-mas-de-20-anos-despues-la-corte-lo-condeno*

Diario *Página/12*, Mariana Carbajal (12 de agosto de 2012): "El largo camino hacia la justicia": *http://www.pagina12.com.ar/diario/sociedad/3-200860-2012-08-12.html*

Diario *Página/12*, Mariana Carbajal (22 de abril de 2013): "Otra versión sobre la polémica de los abusos": *http://www.pagina12.com.ar/diario/sociedad/3-218521-2013-04-22.html*

Diario *El Día* (2013): "Suprema Corte confirma condena contra Grassi" La Plata, 18 de octubre: *http://pasado.eldia.com/edis/20130918/Suprema-Corte-confirma-condena-contra-Grassi-20130918180338.htm*

24CON.Conurbano on line (2013): "Grassi apeló la condena e intervendrá la Corte Suprema" Buenos Aires, 2 de octubre: *http://www.24con.com/2016/03/03/nota/94711-grassi-apelo-la-condena-e-intervendra-la-corte-suprema/*

Dolto, F. (2008): *La causa de los niños*. Buenos Aires, Ed. Paidós.

Dussich, J. P. J. (2006): "Victimology-Past, present and future": *http://www.unafei.or.jp/english/pdf/RS_No70/No70_12VE_Dussich.pdf*

Dussich, J. P. J. (2007): *La víctima y la justicia restaurativa*. Serie Victimología (3). Córdoba, Encuentro Grupo Editor.

Ertük, Y. (2008): Informe de la Relatora Especial sobre la violencia contra la mujer, sus causas y consecuencias. Indicadores sobre violencia contra la mujer y la respuesta de los Estados. A/HRC/6. 29 de enero.

Espeche, M. (2013): *Abuso sexual infantil: el padre del niño víctima*. Serie Victimología (14). Córdoba, Encuentro Grupo Editor.

Finhelhor, D. (1979): *El abuso sexual y la violación*. Serie Victimología (9). Marchiori, H. Dir. (2015). Córdoba, Encuentro Grupo Editor.

Fontevecchia, J. (8 de febrero de 2009): "Jorge Corsi: 'La pedofilia no es delito'". Buenos Aires, revista *Perfil: http://www.perfil.com/sociedad/Jorge-Corsi-La-pedofilia-no-es-delito-20090208-0007.html*

Fortete, C. (2006): *Algunas consideraciones sobre el rol de la víctima en el sistema penal Argentino*. Serie Victimología (2). Córdoba, Encuentro Grupo Editor.

Freire, P. (1969): *Pedagogía del oprimido*. Buenos Aires, Siglo XXI Editores Argentina, edición de 2002.

Ganduglia, A. (2002): "El Backlash. Un nuevo factor de riesgo": *http://www.asapmi.org.ar/publicaciones/articulos/articulo.asp?id=136*

Ganduglia, A. (2006): *Niñas y niños. Padres y madres. De víctimas primarias y secundarias*. Recuperado el 2 de agosto de 2015: *http://www.buenosaires.gob.ar/areas/des_social/mujer/observatorio_genero/pdf/Devictimasprimarias.pdf*

García Mercader, E. (2009): *Victimología Forense*. Serie Victimología (7). Córdoba, Encuentro Grupo Editor.

Ghersi, (2014): "La dignidad como principio general de derecho". Buenos Aires. *Revista Jurídica*. Ed. La Ley

Gómez de Silva, G. (2013): *Breve Diccionario Etimológico de la Lengua Española*. México DF, Fondo de Cultura Económica.

Haro Rodríguez, F., y Ercoli Altamirano, O. (2009): *Prácticas en el Proceso Judicial y Victimización*. Serie Victimología (7). Córdoba, Encuentro Grupo Editor.

Hasanbegovic, C. (2013): "Barriendo Mitos: Cifras sobre violencia contra la mujer": *http://claudiahasanbegovic.blogspot.com.ar/2014/06/publicado-en-el-reporte-judicial-no.html*

Herman, J. (1992): *Trauma y recuperación*. Nueva York, Basic Books. En: Romito, P. y Crisma, M. (2009): *Les violences masculines occultées: le syndrome d'aliénation parentale.*

Hooper, C. (1994): *Madres sobrevivientes al abuso sexual de sus niños*. Buenos Aires, Ediciones Nueva Visión.

Intebi, I. (1998): *Abuso sexual infantil: en las mejores familias*. Buenos Aires, Ed. Granica.

Intebi, I. (2011): *Proteger, Reparar, Penalizar.* Buenos Aires, Ed. Granica.

Janssen, M.R. (1984): "Incesto: abuso infantil explotador", citado por Nancy Faulkner en: "Pandora's box. The Secrecy of Chilod Sexual Abuse".

Keeble, P. y Protective Services Branch (1993): "Abuso Sexual Infantil. Madres Protectoras": *http://www.asapmi.org.ar/publicaciones/articulos/articulo.asp?id=611*

Lipszyc, C. (2012): "Mujeres en situación de prostitución: ¿Trabajo o esclavitud sexual?

López, M. C. (2010): *Abuso sexual infantil. Cómo prevenirlo, cómo detectarlo*. Buenos Aires, Ed. Paidós.

López, M. C. (2013): *La búsqueda de la espada mágica*. Buenos Aires, Ed. Maipue.

López, M. C. (2014) *Los juegos en la detección del abuso sexual infantil*. Buenos Aires, Ed. Maipue

Manonellas, G. (2005): *La responsabilidad penal del padre obstaculizador. Ley 24.270. El síndrome de alienación parental*. Buenos Aires, Ed. Ad Hoc.

Marchiori, H. (1988): ¿Conoce el juez las consecuencias del delito? Derecho Penal y Criminología (34): Córdoba, Marcos Lerner Editora.

Marchiori, H. (2006): *Víctimas vulnerables: niños víctimas de abuso sexual*. ILANUD. Temas de Victimología. Córdoba, Encuentro Grupo Editor.

Marchiori, H. (2014): *Vulnerabilidad y Procesos de Victimización Post-delictivo. El Derecho a la Reparación*. Serie Victimología (12). Córdoba, Encuentro Grupo Editor.

Melup, I. (2007): *Declaración de Naciones Unidas sobre Principios de Justicia para las Víctimas del Delito y abuso de Poder*. Serie Victimología (3). Córdoba, Encuentro Grupo Editor.

Miller, A. (2009): *Por tu propio bien. Raíces de la violencia en la educación del niño*. Barcelona, Tusquets Editores.

Miller, A. (2009): *Salvar tu vida*. La superación del maltrato en la infancia. Barcelona, Tusquets Editores.

Müller, B. y López, M. C. (2013): *Madres de Hierro. Las madres en el abuso sexual infantil*. Buenos Aires, Ed. Maipue.

Naranjo, C. (2010): *La mente patriarcal*. Buenos Aires, Ed. Del Nuevo Extremo.

OEA, Instituto Interamericano del Niño (IIN) (s/f): "La Explotación sexual de Niños, Niñas y Adolescentes en América Latina". Documentos de Trabajo de Proder-Programa de Promoción Integral de los Derechos del Niño.

OMS (2005): "Estudio multipaís sobre salud de la mujer y violencia doméstica": *http://equidad.org.mx/nuevo/minisitio25nov08/documentos/datosmundiales.pdf*

OMS (2013) "Informe de la OMS destaca que la violencia contra la mujer es un 'problema de salud global de proporciones epidémicas'". *http://www.who.int/mediacentre/news/releases/2013/violence_against_women_20130620/es/*

OMS (2014): *Violencia contra la mujer. Violencia de pareja y violencia sexual contra la mujer*: *http://www.who.int/mediacentre/factsheets/fs239/es/*

ONU (1948): Declaración Universal de los Derechos Humanos.

ONU (1985): *Principios fundamentales de justicia para las víctimas del delito y del abuso de poder*. Serie Victimología (2). Córdoba, Encuentro Grupo Editor.

ONU (1985): *Principios fundamentales de justicia para las víctimas del delito y del abuso de poder*. Serie Victimología (2). Córdoba, Encuentro Grupo Editor.

ONU (2005): *Directrices sobre la justicia para los niños víctimas y testigos de delitos*: *http://www.un.org/es/events/childrenday/pdf/E2005_20.pdf*

ONU (2007): *Principios Fundamentales de Justicia pàra las Víctimas de Delito y del Abuso de Poder*. Serie Victimología (3). Córdoba, Encuentro Grupo Editor.

OPS (2010): "Estrategia y Plan de Acción Regional sobre los Adolescentes y Jóvenes 2010-2018" . *http://new.paho.org/hq/dmdocuments/2011/Estrategia-y-Plan-de-Accion-Regional-sobre-los-Adolescentes-y-Jovenes.pdf*

Palladino, E. (2009): *Infancia, sociedad y educación. Desarrollo de la Subjetividad*. Buenos Aires, Espacio.

Pincever, K. (2008): *Maltrato Infantil*. Buenos Aires, Ed. Lumen.

Pinheiro, Paulo Sérgio (2006): Informe Mundial sobre La Violencia Contra los Niños y Niñas, Estudio del Secretario General de las Naciones Unidas sobre la Violencia contra los Niños. Nueva York, ONU.

Pinheiro, Paulo Sérgio (2007): Promoción y protección de los derechos de los niños Informe del experto independiente para el estudio de las Naciones Unidas sobre la violencia contra los niños. Nueva York, ONU.

Poblete, A. y Varas, Y. (1994): "Abuso sexual en la infancia y psicopatología en la mujer". En: *Anales del Primer Congreso Nacional de Mujer y Salud Mental*. Santiago, Chile.

Poliakoff, S. y Sanahuja, A. (2013): *Para que el secreto se haga voces*. Buenos Aires, Ed. El Escriba.

Rascovsky, A. (1992): *El filicidio*. Buenos Aires, Beas Ediciones.

Real Academia Española (2001): *Diccionario de la Lengua Española* (22 ed., Vol. 4). Buenos Aires, Ed. Planeta.

Revista Gente (2014): "Al Bambino le diría que me arruinó la vida": *http://www.gente.com.ar/actualidad/sebastian-candelmo-acusa-al-bambino/1496.html*

Romito, P. y Crisma, M. (2009): *Les violences masculines occultées: le syndrome d'aliénation parentale: http://www.cairn.info/zen.php?ID_ARTICLE=EMPA_073_0031*

Rossetti, A. y Álvarez, M. (2011): *Derechos de los niños, las niñas y los adolescentes. Un análisis desde el método de casos*. Córdoba, Ed. Advocatus.

Rozanski, C. (2003): *Abuso sexual infantil. ¿Denunciar o silenciar?* Buenos Aires, Ed. B. Argentina.

Sacroisky, G. (2002): "Abuso Sexual Infantil": *http://www.intramed.net/contenidover.asp?contenidoID=18314*

Sani, A. (2015): *Victimización indirecta de niños en contexto familiar*. Serie Victimología (17). Córdoba, Encuentro Grupo Editor.

Silva Escaff, E.; Leiva, M. y Salvatierra Duarte, M. (2006): "Estudio de variables asociadas a la retractación en menores víctimas de abusos sexuales". ILANUD. Córdoba, Ed. Nuevo Encuentro.

Tarditti, A. (2009): *Delitos sexuales. Tensiones entre las garantías del imputado y derechos fundamentales de las víctimas*. Serie Victimología (6). Córdoba, Encuentro Grupo Editor.

Teubal, R. (2009): "Las Madres frente al abuso sexual infantil intrafamiliar de sus hijos ¿son víctimas?". Universidad de Buenos Aires, Ciencia y Técnica, Argentina.

Ulloa, F. (2005): "Sociedad y crueldad". Ministerio de Educación, Ciencia y Tecnología de la Nación: *http://www.me.gov.ar/curriform/publica/huerta_ulloa.pdf*

UNICEF (2014): *Ocultos a plena luz. Un análisis estadístico de la violencia contra los niños: http://www.unicef.org/ecuador/ocultos-a-plena-luz.pdf*

UNODC (2009): Informe mundial sobre la trata de personas. Oficina de Naciones Unidas contra la Droga y el Delito: *http://www.unodc.org/documents/human-trafficking/AUTO_APRENDIZAJE.pdf*

Vaccaro, S. y Barea Payueta, C. (2009): *El pretendido Síndrome de Alienación Parental*. Bilbao, Ed. Desclée de Brouwer.

Viar, J. P. (2004): *Acerca del denominado Síndrome de Alienación Parental*: *http://www.asapmi.org.ar/publicaciones/articulos-juridicos/?id=530*

Volnovich, J. (2008): *Abuso Sexual en la infancia. Vol.3. La revictimización*. Buenos Aires, Ed. Lumen.

Volnovich, J. y Fariña, N. (2010): *Infancia, subjetividad y violencia*. Buenos Aires, Ed. Lumen.

Wikipedia.org: "Jorge Corsi": *https://es.wikipedia.org/wiki/Jorge_Corsi*

Wikipedia.org: "Julio César Grassi": *https://es.wikipedia.org/wiki/Julio_C%C3%A9sar_Grassi*

Yocco, M. (1992): *El niño víctima de su grupo familiar*. Serie Victimología (2). Córdoba, Encuentro Grupo Editor.

Zalanueva, O., y Zaikoski Biscay, D. (Comp. 2015): *Violencia sexual y discurso jurídico. Análisis de sentencias penales en casos de delitos contra la integridad sexual*. Santa Rosa-La Pampa, EdUNLPam.

Todas las fuentes electrónicas fueron consultadas en junio de 2016.